# Body Reading

# Body Reading

Marco Gerhards

Programmbereich Gesundheitsberufe

Wissenschaftlicher Beirat Programmbereich Gesundheitsberufe

**Marco Gerhards**

# Body Reading

Körpersprache deuten

**Marco Gerhards,** Magister in biologischer Anthropologie, Sport- und Gymnastiklehrer, wissenschaftlicher Autor, Dozent in der Aus- und Fortbildung, Bewegungs- und Körperpädagoge, selbstständiger Körpertherapeut

**Bibliografische Information der Deutschen Nationalbibliothek**
Die Deutsche Nationalbibliothek verzeichnet diese Publikation in der Deutschen Nationalbibliografie; detaillierte bibliografische Daten sind im Internet über http://www.dnb.de abrufbar.

Anregungen und Zuschriften bitte an:
Hogrefe AG
Lektorat Gesundheitsberufe
z.Hd.: Barbara Müller
Länggass-Strasse 76
3012 Bern
Schweiz
Tel: +41 31 300 45 00
info@hogrefe.ch
www.hogrefe.ch

Lektorat: Barbara Müller
Herstellung: Daniel Berger
Umschlagabbildung: © Atenna, Getty Images
Umschlag: Claude Borer, Riehen
Satz: Claudia Wild, Konstanz
Druck und buchbinderische Verarbeitung: Multiprint Ltd., Kostinbrod
Printed in Bulgaria

1. Auflage 2021
© 2021 Hogrefe Verlag, Bern

(E-Book-ISBN_PDF 978-3-456-96112-5)
(E-Book-ISBN_EPUB 978-3-456-76112-1)
ISBN 978-3-456-86112-8
https://doi.org/10.1024/86112-000

# Inhaltsverzeichnis

# Vorwort

Ich bin es gewohnt, direkt anzufangen. So funktioniert auch Body Reading – ungefiltert und im Jetzt. Ein Vorwort zu schreiben ist an dieser Stelle dennoch sinnvoll: um auf die besonderen Voraussetzungen einzugehen, derer das Body Reading bedarf. Denn obwohl es kein Vorspiel, kein langsames Herantasten an die Wahrnehmung des Anderen im eigenen Körper gibt, so braucht es doch zwei gewichtige Vorannahmen: Das Gebot der Demut und das Prinzip der Aufmerksamkeit. Bevor wir in die Interaktion treten, den Körper des Gegenübers leibhaftig in uns wahrnehmen können, sollten wir in der Lage sein, uns gefragt und gezielt dieser Aufgabe zu widmen.

Das Gebot der Demut besagt, dass das eigene Erleben eine subjektive Erfahrung ist, die dem Anderen angeboten, aber nicht auferlegt werden kann. Es besagt darüber hinaus, dass wir nicht willkürlich mit unserer Fähigkeit in anderer Leute Körper eindringen und sie ungefragt lesen; sondern ihnen nur bei Bedarf unsere Unterstützung zuteilwerden lassen.

Die Aufmerksamkeit ist vonnöten, um bewusst in den Prozess der Interaktion einzutauchen. Je tiefer man lesen möchte, umso aufmerksamer wird man sein. Es ist nicht möglich, Body Reading mit allen auf der Straße vorbeigehenden Passanten auszuführen; auf Einzelne können wir unsere Aufmerksamkeit hingegen richten. Dennoch ist dies auf einer Straße mit fremden Menschen selten angebracht. Und wenn doch, hält es uns von unseren Notwendigkeiten ab: dem Gehen, dem Sprechen, dem Tragen, dem Ziehen, dem Schieben, auch dem aufs Handy schauen. Denn: Wir brauchen bewusste Aufmerksamkeit im Body Reading. Eine lustige Situation ergab sich vor einigen Jahren an einer Ausbildungsstätte für Erwachsene, an der ich unterrichtete, und wo es sich über das eigentliche Maß hinaus herumgesprochen hatte, dass ich professionelles Body Reading betreibe. So entstand für eine ganze Weile ein unhörbares Raunen im Pausenraum, wenn ich hinzukam; traf ich Schüler im Vorbeigehen auf dem Flur, erntete ich verängstigte, abwehrende Blicke. Eben genau so, als ob es genügte, irgendwo vorbeizulaufen und all das zu erfahren, was wirklich im Körper spricht. Dies ist tatsächlich möglich; doch dafür braucht es einerseits eine Anfrage und andererseits zielgerichtete Aufmerksamkeit.

Was keine große Aufmerksamkeit verlangt, quasi nicht wieder erlernt werden muss, ist das, was ich das urerste Body Reading nenne. Es ist eine Fähigkeit, die jeder Mensch jederzeit anwendet. Der erste Blick, die direkte Begegnung mit dem anderen Wesen – die in sich selbst reflektierte Erfahrung des körperlichen Gegenübers. Für manche Menschen ist diese Form des Body Readings selbstverständlich. Denn jedes Kleinkind, das noch nicht sprechen kann, nutzt diese Fähigkeit beständig und orientiert sich an den Körpern und dessen Ausdrucksformen in seiner Umgebung. Im Tierreich ist es unüblich, diese in höchstem Maße ausgeprägte Fähigkeit im weiteren Verlauf des Lebens einzuschränken – im Gegenteil. Beim Menschen hingegen ist sie im Erwachsenenalter häufig nur rudimentär ausgeprägt. Deshalb wird nachfolgend eine Form des Body Readings beschrieben, die das Bewusstsein des Körpers, des eigenen wie des anderen, erweitert. Um den Körper und seine Formen, seine Haltungen und Bewegungen zu erleben, sie zu begreifen und in eine klare und einfache Sprache zu übersetzen. Die Wahrung unserer ersten Wahrnehmung, das Verfestigen, Ausbauen oder Wiederlernen der körpersprachlichen Erfahrung. Dabei wünsche ich Ihnen viel Freude.

Freiburg im Juli 2020

# 1 Einführung

## 1.1 Was ist Body Reading?

Was ist Body Reading? Wörtlich: Körper lesen. Konkreter: Den menschlichen Körper lesen. Wie ein Buch; aber auch wie einen Film, ein Hörspiel oder ein Gemälde. Nur sind es nicht die Buchstaben, Schauspieler, Stimmen oder Farben, die es zu unterscheiden gilt, sondern die Gelenke und Muskeln, die Impulse und Regungen.

Der Körper als Sprache des Wesens ist so alt wie der Körper selbst. Das gilt für alle Lebewesen, also auch für den Menschen[1]. Nur verhält sich dieser im Vergleich zu anderen Wesen speziell, da sein Ausdruck störanfällig ist. Qua seines Verstandes hebt er sich über seine instinktive, animalische Organisation. Das kann sinnvoll, aber auch gefährlich sein. Deswegen bezeichnet man in der traditionellen Körpertherapie seit über einhundert Jahren den Körper, um den es hier geht, als Leib. Um zu verdeutlichen, dass das mechanische Bild des Körpers, das in Medizin und Wissenschaften benutzt wird, unbedingt zu erweitern ist: Der Leib ist Sinnbild für den ganzen Menschen. Für Biomechanik und Biochemie, für Gedanken und Gefühle, für Stimmungen und Charakter.

Für das kommende Unternehmen ist es sinnvoll, diesen Ansatz zu integrieren, wiewohl es nicht notwendig sein wird, ihn auch verbal so zu übernehmen. Im weiteren Verlauf bleibt es bei der Bezeichnung Körper, wohl wissend, dass er jederzeit als vollständige Einheit verstanden wird: als das Konglomerat unterschiedlicher Wahrnehmungsfelder, als Wirklichkeit der Empfindungen, Gedanken, Gefühle und Intuitionen. Wer diese Vollständigkeit offen annimmt, ist bereit für eine intensive Form des Body Readings und wird mit Hilfe von Körperwahrnehmung und Empathie die Botschaften des Körpers begreifen.

Heutzutage sind häufig nur die oberflächlichen verbalen oder gestischen Merkmale Teil der körpersprachlichen Diskussionen. Die hier aufgezeigte Art der körpersprachlichen Deutung, das Body Reading, geht weitaus tiefer. Mit Hilfe einer

---

1 Aus Gründen der Lesbarkeit wurde im Text die männliche Form gewählt, nichtsdestoweniger beziehen sich die Angaben auf Angehörige aller Geschlechter.

besonderen Technik wird der Körper umfassend empfangen, gelesen, erkannt und verstanden. Man begreift die Botschaften in der Haltung, den Gelenkstellungen, den Muskelspannungen und -verspannungen; in Routinemustern von Händen und Armen, in Schultergürtel- und Wirbelsäulenform; in Becken-, Knie- und Fußpositionen; aber auch in Mimik und Augenbewegungen, in Stimmmodulation, Schreibstil, Kommunikationsmethoden und nicht zuletzt dem Ausdruck der Gefühle.

Um all diese und noch viele weitere Botschaften zu begreifen, muss man in der Lage sein, sich mit dem Körper eines anderen zu verbinden. Diese Verbindung ist Teil eines Transfers von Informationen, die in jeder biologischen Sozialform ein fest verankerter Teil der Entwicklung sind. Es ist notwendig, die körperlichen Muster des Gegenübers zu erkennen; genauso wie es notwendig ist, dass man seine Bedürfnisse, Gefühle und Erkenntnisse an andere vermitteln kann – ohne dass man die dazugehörige Technik der mimischen oder gestischen Manipulation abrufen müsste. Besonders in den ersten, nicht sprachlich-verbalen Jahren des Lebens, ist diese Fähigkeit notwendig und daher auch allgegenwärtig. Wenn im weiteren Verlauf der persönlichen Entwicklung spezielle Fertigkeiten hinzukommen, bleibt diese besondere Art des Erkennens jederzeit abrufbar. Sie ist die Grundlage des Body Readings. Sie vollzieht sich von außen nach innen, und wirkt von dort wieder nach außen. Bevor man einen anderen Körper analysiert, wird jede Regung bei sich selbst erfahren, als Resonanz und Spürgrund, als eigenes körperliches Erleben. Wer nun meint, Body Reading sei nur etwas für Spürnasen, der verkennt die notwendige funktionelle Grundlage: die Prinzipien der Anthropologie, der Wissenschaft vom Menschen.

Body Reading ist eine archetypische, erbbiologisch fest verwurzelte Fähigkeit, um in einer sozialen Tierart, wie der des Menschen, überleben zu können. Warum viele Menschen diese Fähigkeit, die einfacher als Gehen oder Sprechen ist, nicht mehr bewusst wahrnehmen können, wird auch in diesem Buch beschrieben. Wichtiger aber sind die Möglichkeiten der Wiederentdeckung und Reanimierung der eigenen biologischen Organisation. Sich zunächst dieser uralten Fähigkeit bewusst zu werden, ist ein bedeutender Schritt; und das Wort Fähigkeit weist bereits auf eine Simplizität hin. Denn es meint im Gegensatz zu einer Fertigkeit angeborenes und nicht erlerntes Können. Body Reading ist also die Grundlage eines sozialen Körpers, eine angeborene Fähigkeit. Die funktionellen Erklärungen darüber sind eine gelernte Fertigkeit. Beides wird auf den folgenden Seiten (wieder) erlernt. Wie leicht das geht, zeigen die beiden wichtigsten Entdeckungen, die Sie bei anderen Menschen machen können: die Bewegungsökonomie – der funktionelle Blick – und die Ausdrucksharmonie – der Abgleich mit der Lebendigkeit, der Kongruenz von innen und außen.

## 1.2  Bewegungsökonomie und Ausdrucksharmonie

Bewegungsökonomie ist die am leichtesten zu begreifende und wichtigste Eigenart des Lebens. Sie besagt: Wende nur das an Energie auf, was nötig ist. Wendest Du mehr an, verbrauchst Du Lebensenergie, ein unökonomisches Verhalten. Dies gilt besonders für die Skelettmuskulatur, wenngleich auch andere Organsysteme gestört werden können. Diese wissen sich jedoch in derlei Situationen selbst zu helfen. Die Ökonomie unseres Herzens oder Blutkreislaufs können wir zwar durch unser Verhalten negativ manipulieren, aber die eigentliche muskuläre Arbeit des Herzmuskels und die rhythmische Steuerung der Gefäße wird ökonomisch weiterarbeiten. Anders ausgedrückt: Wir können unseren Blutkreislauf durch ein Zuviel oder Zuwenig an Anregung beeinflussen, positiv wie negativ; aber die eigentliche physiologische Arbeit wird von der Körperintelligenz bestmöglich ausgeführt. Dies gilt für äußere Bewegungen in dem Maße nicht, denn die willkürliche Skelettmuskulatur ist jederzeit anfällig für unökonomisches Verhalten.

Wer andere Menschen beobachtet, erkennt die vergeudete Energie besonders in Form von Verspannungen in Kiefer, Schultern, Bauch oder Beckenboden. Auch alle anderen Muskelgruppen sind, je nach Typ und Eigenart, betroffen. Sie sind so allgegenwärtig, dass sie niemandem auffallen, denn: gleich und gleich gesellt sich gern. Wenn man Kleinkinder oder Tiere beobachtet, bekommt man ganz ohne wissenschaftliche Vorgabe die bestmögliche Ökonomie präsentiert. Dies ist ein wichtiger Grund, warum viele diese Lebewesen so anziehend, beruhigend und vor allen Dingen wirklich finden. Auch der Erwachsene hat einen instinktiven Mechanismus, der es ihm verbieten könnte, seine Natürlichkeit derart häufig zu verlieren. Doch die kulturellen Gepflogenheiten, die den körperlichen Ausdruck in hohem Maße regeln, erweisen sich als mächtiger Klotz, insbesondere mit der Gewohnheit, emotionale Befindlichkeiten zu bagatellisieren.

Wer nicht gelernt hat, wie man einen Stift hält, welches Zuviel und Zuwenig von Muskeleinsatz beim Schreiben gebraucht wird, wie Schulter, Brustkorb und Kopf die Bewegung begleiten; sondern wer gelernt hat, wie man richtig und wie man schönschreibt, der hat seine Ökonomie aus dem Bewusstsein verdrängt. Das kann man beim Akt des Schreibens dann anhand einer unnötigen Verkrampfung der Unterarme und Finger, ja selbst des Beckenbodens, der Zehen oder anderer entfernter Muskeln als unökonomisch enttarnen. Diese Probleme gibt es bei allen Bewegungsformen, auch den einfachen wie Stehen, Gehen oder Sitzen. Mit Hilfe der Biomechanik, der messbaren Analyse des Körpers und seinen strukturellen Belastungen, den Bezugswerten von Zug und Druck, lassen sich diese Ungleichgewichte mathematisch verdeutlichen und nachempfinden. Das heißt aber nicht, dass unökonomisches Bewegen ein rein mechanischer Akt ist, der mit entsprechend mechanischen Gegenargumenten gelöst werden kann. Die Lösung ist meist ein ebenso intensiver wie langwieriger Prozess, analog dem Anlernen solcher Muster. Besonders beachten sollte man dabei die zweite wichtige Eigenart beim Body Reading: die Ausdrucksharmonie.

Die Ausdrucksharmonie besagt, dass das, was ich ausdrücke, auch das ist, was ich empfinde. Wenn ich sage, mir geht es gut, aber mich gar nicht so fühle, bin ich unharmonisch im Ausdruck. Auch diese Form ist bei kleinen Kindern nicht möglich, wird aber ebenso wie die missachtete Bewegungsökonomie im Verlaufe der modernen Entwicklung anerzogen. Beide Eigenarten können miteinander, aber auch unabhängig voneinander auftreten. Jemand, der Schultern nach vorne, Finger verkrampft, Kopf gebeugt, Bauch und Beckenboden verspannt, über die Straße geht, ist zugleich unökonomisch und ausdrucksharmonisch, wenn er dabei streng und ernst dreinblickt und sich ebenso starr im Äußeren wie im Inneren präsentiert. Der Körper drückt seine Frustration oder seinen zwanghaften Charakter für alle sichtbar aus. Ganz anders ein Mensch mit dem gleichen Gangbild, den gleichen tiefen Regungen, aber einem gelöstem, entspannten oder rücksichtsvollem Ausdruck und Verhalten. Das betonte Freundlich- oder Höflichsein, welches die moderne Kultur kennt, obwohl einem gar nicht danach zu Mute ist: der klassische Fall fehlender Ausdrucksharmonie.

Die Ausdrucksharmonie ist somit der tiefere, ursächliche Aspekt, den es vor allem dann zu berücksichtigen gilt, wenn die Bewegungsökonomie zwar gestört, aber nicht so leicht wiederherzustellen ist. Hier ist es notwendig und darüber hinaus jederzeit empfehlenswert, die inneren Regungen miteinzubeziehen. Was mit Hilfe des hier vorgestellten Body Readings leichtfallen wird. Denn jede hochgezogene Schulter, jeder geschlossene Mund und jedes gekrümmte Becken erzählen eine Geschichte.

## 1.3   Fähigkeiten beim Body Reading

Um den Körpergeschichten des Anderen folgen zu können, bringt jeder Menschen alle Anlagen mit. Angeboren sind ihm folgende Fähigkeiten, die für das Body Reading unabdingbar sind: Körperwahrnehmung; das Annehmen von Empfindungen; Empathie; die Erfahrung, dass der Körper mehr ist als ein Ding, dass der Körper fühlen kann. Darüber hinaus ist es notwendig, sich von dem, was wir im Anderen wahrnehmen, emotional distanzieren zu können. Beim Body Reading passiert dies in der Regel automatisch, wenn man sich verantwortlich dem Gegenüber annähert. Schmerzen oder Einschränkungen kann man zwar nachempfinden, wird sie aber nicht als persönliche Eigenart übernehmen. Dies kann jedoch für besonders mitfühlende oder sensible Menschen eine Herausforderung darstellen, wenn sie sich auf eine Rolle als Helfer oder Retter versteifen. Der Grundsatz lautet deshalb: Body

Reading erfolgt ohne Absicht auf Veränderung und zielt zunächst auf die Bewusstwerdung der eigenen Fähigkeiten.

## 1.4 Was ist Ihr Ziel?

Aus welchem Bedürfnis heraus haben Sie angefangen zu lesen? Was möchten Sie mit Body Reading erreichen, was sind die angestrebten Ziele? Geht es um schnelles Durchschauen, Chiffrieren, das Erkennen des Anderen, quasi ein Gedankenleser zu werden, so dass man jederzeit Frau oder Herr der sozialen Lage ist? Sind es therapeutische und/oder pädagogische Motive, um andere besser kennenzulernen, sie zu begreifen, um dann Hilfestellung und Unterstützung anbieten zu können? Oder steht das Selbstverständnis im Vordergrund, die Durchleuchtung des eigenen Wesens anhand der körperlichen Bedingungen? In jedem dieser Motive geht es um Erkenntnis, um Entwicklung und um ein Verständnis der Welt, in der wir leben. Und welche Ebenen der Persönlichkeit wollen Sie in den Arbeitsprozessen, Gesprächssituationen oder Verkaufspräsentation abrufen? Mentale, kognitive, emotionale, orthopädische oder physiologische? Oder alle zusammen?

So oder so: es geht nur über den Körper. Und dabei helfen spezielle Methoden, die es erlauben, Body Reading eindringlich zu erleben. Die wichtigste Methodik ist die Anerkennung der menschlichen Typologie: Es ist notwendig, jedem Menschen seinen individuellen Charakter zuzugestehen und diesen in die Lesart miteinzubeziehen. Darüber hinaus spielen konstitutionelle Voraussetzungen eine Rolle, insbesondere die Form der persönlichen Atmungsaktivität. Obwohl wir zahlreiche Grundlagen aufstellen werden, die bestimmten Körperbereichen bestimmte Gefühle, Themen oder Einstellungen zuordnen, steht zuvorderst der individuelle Typ. Und diesem ist vor allem anderen Rechnung zu tragen. Menschen sind keine Schablonen oder Maschinen; gleichwohl sind sie bestimmten Voraussetzungen unterworfen. Des einen Energie ist boden-, des anderen raumgewandt; der eine ist extrovertiert, der andere introvertiert. Nicht als erlerntes Merkmal oder biografische Konditionierung, sondern als Grundlage seiner persönlichen Form. Diese Eigenarten werden stets der jeweiligen Body-Reading-Erkenntnis zugeordnet.

Darüber hinaus ist Body Reading etwas Bekanntes. Eine Fähigkeit, die alle Wesen kennen und ausführen, wenn auch zumeist unbewusst. Es geht demnach um die Wiederentdeckung eines verloren gegangenen Bewusstseins. In diesem Buch werden Impulse gesetzt, um sich dieser ureigenen Fähigkeit wieder anzunähern, die aber ohne die Verwirklichung auf der Gegenseite keinen Effekt haben werden. Um dies zu fördern, werden Übungen eingebaut, mit der Sie die theoretischen Impulse praktisch umsetzen können.

## 1.5 Inhalt

Wir beginnen mit der leiblichen Basis. Anatomie und Biomechanik bilden die zentralen Grundpfeiler, besonders für den Bereich der Bewegungsökonomie. Darauf folgt eine klare Definition des Body Readings. Bisherige Ansätze und Methoden sollen untersucht und Licht ins Dunkel einer Erfahrungswissenschaft gebracht werden. Zumindest in abgeschwächter Form hat sie eine Tradition aufzuweisen, auf die wir uns zunächst stützen können. Der Kern wird die Praxislehre sein: was Menschen mit Hilfe auditiver, visueller und kinästhetischer Möglichkeiten beim Gegenüber lesen können. Wie und unter welchen Voraussetzungen funktioniert Body Reading? Darauf aufbauend wird der Körper, unterteilt in spezifische Regionen, analysiert. Welcher Körperbereich repräsentiert welches Verhalten; welche Emotionen, Empfindungen, Themen oder Erfahrungen sind hier sichtbar? Abschließen werden das Buch zwei größere Anhänge mit Ergänzungen zu den Themen Muskelblockaden und -reflexe sowie speziellen Formen des Body Readings und erweiterte Methoden. Als Ausblick verstanden wird dann die erste naheliegende Folgeoption dargelegt: die Körpertherapie anhand der analytischen Erkenntnis des Body Readings. Abschließen wird das Buch ein konkretes Fallbeispiel, an dem die hier aufgeführten Überlegungen und Methoden detailliert veranschaulicht werden.

# 2 Körperliche Grundlagen

## 2.1 Wahrnehmungsfelder

Der Körper hat eine Menge zu bieten: so viele Organe, Faszien, Sinne, Transportsysteme, Milieus oder Funktionen, dass es schwerfällt, grundlegende Dinge präzise zu verorten. Gleichwohl ist es möglich, bestimmte Zuordnungen zu machen. Wer folgende vier Fragen für sich zunächst in Ruhe beantwortet, kann die zentralen Felder seines Körpers erfahren.

---

**Vier Fragen zur Reflexion**

Erste Frage: Wo im Körper spüren Sie, wenn es warm oder kalt ist? Schreiben Sie die Antwort auf oder notieren Sie diese in Ihrem Gedächtnis, bevor Sie weiterlesen.

Zweite Frage: Wo im Körper wissen Sie, dass drei mal drei neun ist? Schreiben Sie die Antwort auf oder notieren Sie diese in Ihrem Gedächtnis, bevor Sie weiterlesen.

Dritte Frage: Wo im Körper fühlen Sie, ob Sie etwas oder jemanden mögen oder nicht? Schreiben Sie die Antwort auf oder notieren Sie diese in Ihrem Gedächtnis, bevor Sie weiterlesen.

Vierte Frage: Wo im Körper wissen Sie, in welche Richtung es geht? Wo wissen Sie, dass Ihre Handlungen und Ihr Verhalten richtig und mit Ihrem ureigenen Wesen in Einklang sind?

Schreiben Sie die Antwort auf oder notieren Sie diese in Ihrem Gedächtnis, bevor Sie weiterlesen.

---

Menschen, die diese vier Fragen beantworten, stimmen bisweilen in allen vier Antworten mit denjenigen überein, die im Folgenden vorgeschlagen werden. In den meisten Fällen ist ein Körperbereich, in seltenen Fällen sind zwei Körperbereiche vertauscht oder gänzlich umorientiert. Eine oder gar keine Überstimmung zu den folgenden Antworten ist äußerst selten.

Die vier folgenden Antworten sind richtig und falsch. Richtig, da sie die allermeisten Menschen ohne Mühe wahrnehmen und begreifen; falsch, weil es auch andere Betrachtungsweisen oder andere bedeutende Körperbereiche gibt. Gleichwohl bieten diese vier folgenden körperlichen Felder eine Grundlage, um sich dem Körper anzunähern. Sie sind unter anderem in der Typenpsychologie von C. G. Jung repräsentiert und leicht zu erspüren, zu erfühlen, zu verstehen und zu begreifen (Jung, 2014).

Die erste Antwort lautet: im ganzen Körper. Jung nennt diese körperliche Funktion das Empfinden. Die ursprüngliche, reine Wahrnehmung ohne Benennung oder ein dazugehöriges Gefühl. Um ein Bild zu malen: Stellen Sie sich neben jemanden, der auf einem Stuhl sitzt und legen Sie dieser Person eine Ihrer Hände auf die Ihnen zugewandte Schulter. Sie nehmen die Festigkeit, die Temperatur, die Spannung und die Form der Schulter wahr, als reine Empfindung. Dies ist der erste Kontakt als Lebewesen mit der Welt. Pur, und ohne Namen.

Den Namen geben Sie dieser Sinnesempfindung mit dem Körperbereich, der als Antwort auf die zweite Frage folgt. Im Kopf benennen Sie, was Sie tun. Ich berühre die Schulter dieser oder jenen Person, die ich mehr oder weniger kenne, die so und so groß, so und so alt ist. All diese gedanklichen Speicher sind Teil dieser Benennung. Ebenso wie die Beschreibung, wo und wie das stattfindet, was Sie tun. Die Benennung besticht durch eine Klarheit, die auch der Mathematik anheim ist.

Die dritte Antwort lautet: im Herz; wobei Herzraum hier treffender ist und von vielen auch häufig genannt wird. Jung nennt diese Fähigkeit das Fühlen, konkret: das gefühlvolle Wahrnehmen. Das Mögen oder das Nicht-Mögen. Das emotionale Hinzu oder Hinweg von Wesen und Dingen. Ein sinnvollerer Begriff als das Fühlen ist in diesem Zusammenhang das Werten oder Bewerten; denn es ist elementar, diese Fähigkeit von Gefühlen wie Wut, Trauer oder Freude zu unterscheiden. Gefühle sind ein ganzkörperliches Erlebnis, eine außerordentliche Erfahrung, die den besonderen Reiz des Lebens ausmachen. Echte Gefühle kommen immer ohne eine Bewertung aus und kennen keine innere Absicht. Das Werten oder Bewerten hingegen zeichnet eine Intentionalität aus, eine Absicht, mit der Sie die Welt, die Sie vorher benannt haben, in Ihrem Sinne einordnen. Sie können die Person, der Sie die Hand auflegen, besonders gerne haben oder besonders abstoßend finden, aber genauso gut können Sie diese ein wenig mögen oder ein wenig nicht mögen. Sie können auch wegen dieser Person gelangweilt sein, bis hin zu einer Form des Desinteresses. Doch auch dieses Desinteresse entspringt einer Wertung, mit der Sie der Welt gegenüberstehen. Eine innere Haltung, mit der Sie den beschriebenen und nüchtern benannten Empfindungen eine Bedeutung geben.

Die vierte Antwort ist am schwersten zu beschreiben, da sie körperlich am entferntesten vom Ort der Beschreibung, dem Kopf, liegt: im Bauch. Jung nennt dies die Intuition, diejenige Form des Wissens, die weit über das gelernte Wissen im Kopf hinaus geht. Und die dafür sorgt, dass wir tatsächlich handeln; dass wir wissen, aufgrund welcher innerer Werte und auf welche Zielen wir uns bewegen. Die Hand liegt auf der Schulter dieser Person und das ist sinnvoll so, denn so kann ich vier grundlegende Fähigkeiten des Menschen in diesem Bild erfahren.

Diese vier Fähigkeiten, die Empfindung, die Benennung, die Bewertung und die Intuition, sind nicht mysteriös, sondern nachvollziehbar. Nur wenige Menschen verspüren einen starken Widerstand, diese vier Grundfähigkeiten samt ihrer körperlichen Verortung zu verneinen. Die meisten hingegen können mit Hilfe dieser Körperbereiche schnell in Resonanz zu den eigenen unterschiedlichen, eigentümlichen Fähigkeiten treten; indem sie erfahren, dass es diese und viele andere Unterschiede im Körper gibt. Die vier Körperbereiche und ihre Funktionen sind ein erster Zugang zum Body Reading und wir kommen im Verlauf des Buches wieder darauf zurück. Doch auch hier steht vor jeder beschriebenen Struktur das vollständige Sein, das sich längst nicht nur aus dem Genannten zusammensetzt.

Wie man sich diesem menschlichen Sein, den vier Regionen und den vielen anderen Kräften des Körpers annähert, wird die folgende erste Übung zeigen. Sie werden eine Menge über sich erfahren, wenn Sie sich an folgenden Ideen orientieren: Nehmen Sie sich für diese Übung zehn Minuten Zeit und lesen Sie die Aufgabenstellung nur, wenn Sie direkt danach die Übung ausführen. Messen Sie die zehn Minuten erst, nachdem Sie die Aufgabe in Gänze gelesen und verstanden haben und hören Sie spätestens nach zehn Minuten auf. Wenn Sie nicht mehr weiterwissen, können Sie auch vorher aufhören.

## 2.2 Das Bild meines Körpers (Übung)

Nehmen Sie sich ein leeres Blatt Papier und einen Stift. Malen Sie ins obere Drittel des Blattes einen Kreis, Ihren Kopf darstellend. Von da aus zeichnen Sie absteigend einen Strich, die Wirbelsäule, der in das Becken (ein Dreieck) hineinragt. Von dieser Grundstruktur ausgehend lautet die Aufgabe: Zeichnen Sie ein menschliches Skelett (**Abbildung 2-1**).

Es ist erstaunlich schnell möglich, alle gut zweihundert Knochen zu zeichnen. Dabei helfen folgende Bedingungen: alle Gelenke und Knochen, die Sie selbst hinzufügen sollen, reichen als numerische Angabe, als klare Wiedergabe Ihres Wissens und nicht als ästhetisches Abbild der Wirklichkeit. So notieren Sie neben der Wirbelsäule die Anzahl der Kochen, aus der sie konkret besteht, eventuell auch unterteilt in verschiedene Segmente, die der Wirbelsäule zugeschrieben werden. Die gleiche numerische Zusammenfassung können Sie auch auf andere Bereiche anwenden, in denen viele Knochen zusammenliegen oder eine ähnliche Funktion erfüllen.

Dort, wo nur einzelne Knochen im Körper liegen, zeichnen Sie einen Strich, egal welche Form der Knochen morphologisch besitzt. Wichtig ist gleichwohl die Länge des Striches und wo dieser Knochen im Körperraum auf das nächste Gelenk trifft.

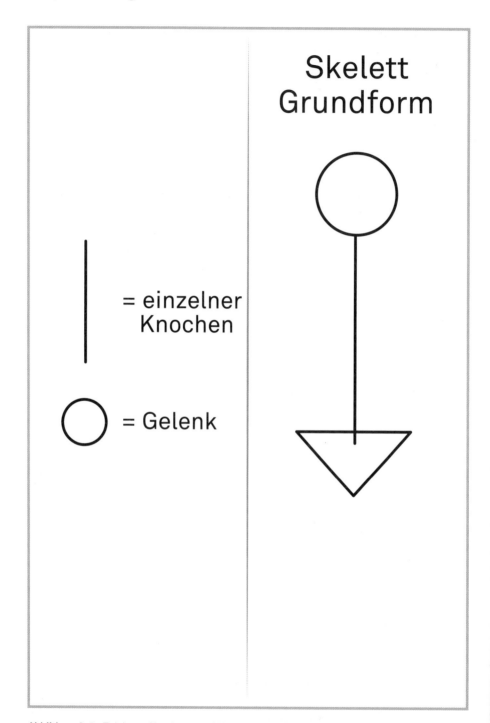

**Abbildung 2-1:** Zeichnen Sie ein menschliches Skelett (Zeichnung: grafikramer.de)

Gelenke markieren Sie mit einem Kreis, so dass wie in einer Kette Gelenke und Knochen aufeinander folgen können. Von Bedeutung ist die Anzahl der Knochen, die das jeweilige Gelenk bilden: Wie viele Striche verbinden die Kreise miteinander? Bei allen Knochen, die links und rechts gleichermaßen vorkommen, genügt es nur eine Seite zu zeichnen oder numerisch zu beschriften. Fangen Sie jetzt an zu zeichnen und zu beschriften.

Wenn Sie fertig sind, stehen Sie auf und gehen ein paar Schritte.

Legen Sie das fertige Bild auf einen anderen Platz im Raum (einen anderen Tisch, Stuhl o. Ä.) und betrachten Sie es wie ein Gemälde in einer Ausstellung. Dann gehen Sie gedanklich weiter zu anderen Bildern, zu anderen Zeichnungen des menschlichen Skelettes, die ebenfalls in der Ausstellung präsentiert werden. Dies wird Folgendes ersichtlich machen: Es gibt sehr wenige Menschen, selbst solche nicht, die professionell mehr oder weniger mit dem Körper, seiner Bewegung oder seiner Funktionalität zu tun haben, die alle Knochen richtig einzuordnen wissen, von der Anzahl und der räumlichen Struktur. Aus Sicht des Body Readings sind dabei sämtliche „Fehler" in der Zeichnung Ausdrücke des eigenen Körpergefühls. Das kann direkt oder indirekt erfahrbar sein. Das Lesen des Körpers anhand des Selbstbildes vom Skelett ist Stoff für ein eigenes Buch und eine leichte Möglichkeit Body Reading zu erleben.

Schlagen Sie die Seite 154 im Anhang auf und betrachten Sie diese Zeichnungen (**Abbildungen 2-2a** bis **2-2f** ab Seite 154, Zeichnung: grafikramer.de) als Gemälde in einer Ausstellung. Mit Hingabe und Interesse. Was sehen Sie? Vergleichen Sie dann diese Bilder mit Ihrem eigenen Bild. Was ist gleich, was ist ähnlich, was ist anders? Was haben diese Zeichnungen, was ich nicht habe, was wiederum habe ich, was dort fehlt?

Die Bilder sind ideal für eine erste generelle Überlegung, da sie in ähnlicher Form weit verbreitet sind. Anhand dieser typischen „Fehler" können erste Berührungen mit dem Body Reading gemacht werden. Es genügt allein die anatomischen Voraussetzungen mit der konkreten Umsetzung zu vergleichen.

Da ist zuvorderst – und dies wortwörtlich – der einzige einzelne Knochen, der für diese Aufgabe gefordert war; alle anderen Knochen, die für diese Aufgabe in Betracht kamen, sind paritätisch angeordnet, also links und rechts zu finden. Die Rede ist vom Brustbein, dem *Sternum*, einem plattem, länglichen und relativ großen Knochen. Die anderen menschlichen Einzelstücke in Schädel, Wirbelkörpern und Becken waren bei dieser Übung bereits vorgegeben – und deuten aufgrund ihrer Lage zugleich darauf hin, dass das Vorhandensein einzelner Knochen eine größere Bedeutung besitzen muss. Erstaunlicherweise ist das Brustbein ein häufig vergessener Knochen bei dieser Aufgabe (Ausnahme: Abbildung 2-2e). Auch die Mittelknochen der Füße und Hände werden häufig vergessen, und ganz besonders oft die Kniescheiben; doch deren körperliche Funktionen, nämlich die Übertragung von Bewegungsenergie, sind deutlich unauffälliger als die des Brustbeins. Das heißt nicht, dass man die fehlenden Mittelhand- oder Fußknochen sowie die Knieschieben nicht zur Einschätzung einer Persönlichkeit nutzen kann; doch das fehlende Brustbein ist aufgrund der überragenden Bedeutung dieses Knochens ein besonderer Ratgeber.

Etwas abgeschwächt gilt das auch für die ebenfalls häufig vergessenen Schulterblätter. Im Rahmen dieser Aufgabe hätte ein sehr kurzer Strich vom Schlüsselbein-Schulterblatt-Gelenk zum Schulterblatt-Oberarm-Gelenk genügt; man hätte das Schulterblatt aber auch, wie viele Menschen es entgegen der klaren Aufgabenstellung trotzdem tun, seiner Form nach einzeichnen können (Abbildung 2-2c).

Mehr oder minder fehlen alle Knochen in den Zeichnungen irgendwann, genauso wie es immer wieder förmliche Fehler in den Gelenkpositionen oder Größe und Lage der Knochen gibt sowie mathematische Ungenauigkeiten bei der Einschätzung der Wirbelkörper. Es gibt keine Zeichnung, die sich den menschlichen Wirklichkeiten hundertprozentig annähert; doch sind massive Abweichungen davon sehr wohl aussagekräftiger als geringe. Denn: Wie fühlt es sich an ohne Brustbein, ohne Schulterblatt? Wie fühlt es sich an, statt zwei Unterschenkelknochen nur einen auf jeder Seite zu haben (Abbildungen 2-2d, 2-2e)? Statt Elle und Speiche im Unterarm nur einen einzelnen Knochen (Abbildung 2-2d)? Kann man damit seine Hand drehen oder die Suppe löffeln? Wie lebt und atmet es sich statt mit zwölf Rippen nur mit deren acht (Abbildung 2-2d)? Oder statt mit acht Rippen mit gar keinen Rippen (Abbildungen 2-2a, 2-2e, 2-2f)? Wie versorgt man sich mit Sauerstoff, wie bewegt man sich in solchen Konstellationen?

Fühlen Sie sich in den Ausdruck und die Proportionen anderer Zeichnungen ein. So intensiv und lebendig, dass Sie wahrnehmen, was es bedeutet, dies genauso gemalt zu haben. Für manch fehlende Knochen oder Ungenauigkeiten wissen Sie es ohnehin; denn Sie selbst haben es auch so gemalt.

Nun nutzen wir Body Reading für die Bilder im Anhang. Als Erstes erkennt man, dass alle Zeichnungen mehr oder minder deutlich von der anatomischen Wirklichkeit abweichen. Nun gilt es, die funktionellen Störungen, die dadurch entstehen, zu erfassen. Welche natürlichen Funktionen haben die „fehlerhaften" Körperbereiche? Welche Vorgaben, Sinnhaftigkeiten und Mechanismen laufen an dieser Stelle dem eigentlichen Körperauftrag entgegen? Betrachten Sie zunächst das häufig fehlende Brustbein und stellen Sie sich die Frage: Welche Funktion hat das Brustbein? Nehmen Sie sich mit der Antwort Zeit.

Welche Funktion hat es eventuell noch? Nehmen Sie sich mit der Antwort Zeit.

Der Brustbein ist ein Merkmal lungenatmender Tiere. Es ist gleichsam Abschluss und Versiegelung des Schutzpanzers der Atmungsorgane und obendrein Ausgangsbasis für sämtliche gestische und manipulative Handlungen. Anders formuliert: aus der abgeschlossenen Stabilisation des Brustkorbes erwächst die obere Extremität und ihre vielfältigen Möglichkeiten. Für die anatomische Organisation spezieller menschlicher Eigenarten (gestischer Ausdruck, Handfreiheit, Manipulation) ist dies maßgebend im wahrsten Sinne des Wortes. Das Brustbein bietet den Schlüsselbeinen das maßgeschneiderte Schloss, und den Schultern, Armen und Händen den Anker. Dass es einem Schwerte ähnlich vor Lungen und Herz thront, macht es darüber hinaus zur Schutzmauer dieser beiden Lebensorgane. Zur Sicherstellung des Atmens und des Herzschlags. Seit hunderten von Millionen Jahren besiedeln viele Tierarten mit Brustbeinen die Erde und leben in Koexistenz. Sie alle werden geschützt und können sich ausdrücken.

Sich schützen und sich ausdrücken: Fehlt das Brustbein im eigenen Körperbewusstsein, kann man genau dies anscheinend nicht sehr bewusst. Das Brustbein ist zwar materiell vorhanden, aber in der eigenen Wahrnehmung unter- bis gar nicht repräsentiert. Die erste Übertragung im Body Reading kann dann lauten: Ein Mensch, dem das Brustbein im Bewusstsein fehlt, ist leichter oder schneller verletzbar und/oder hat Schwierigkeiten im Ausdruck. Dies kann auch gelten, für einen auf den ersten Blick vermeintlich ausdrucksstarken und selbstsicheren Menschen. Denn das Brustbein ist primär die Basis des Ausdrucks, während Arme und Finger im Bewusstsein besser repräsentiert sein können. Diese können die ursprünglichen Gefühle, die das Brustbein präsentiert, umorganisieren und die innere Persönlichkeitsstruktur anders oder abgeschwächt zum Ausdruck bringen. Im Body Reading gilt es, die ursprüngliche Eigenart des fehlenden Brustbeins, die Verletzbarkeit und Ausdrucksschwierigkeit, in die Einzigartigkeit des Individuums zu integrieren.

Dieses Prinzip gilt auch für den ersten Beweger, der an das Brustbein anschließt, und der in den allermeisten Zeichnungen vorhanden ist, wenn auch nicht immer artgerecht. In Abbildung 2-2f fehlt das Schlüsselbein, in den Abbildungen 2-2b, 2-2d und 2-2e sind es hingegen zwei Knochen, die vom Zentrum des Rumpfes in die Peripherie reichen und die es in der anatomischen Wirklichkeit nicht gibt. Hier haben wir es mit einer Verdopplung respektive Verstärkung und besonderen Hervorhebung des Themas des Schlüsselbeins zu tun. Dieses hat seinen Namen seiner ganzheitlichen Bedeutung zu verdanken. Der Begriff Schlüsselbein klingt genauso stimmig wie viele andere deutsche und antike lateinische Benennungen der Knochen, da jene Nomenklatur weit vor der „Verwandlung der Welt" im 19. Jahrhundert als akademisches Maß gesetzt wurde. Das Schlüsselbein ist demzufolge der Schlüssel zur Handlung, zur Manipulation, zur Geste – die urerste Ausdrucks-Bewegung.

Da das Schlüsselbein einer der am häufigsten erkannten Knochen ist, bedeutet dies, dass es dem Zeichnenden häufig sehr bewusst ist. Man weiß, dass das Schlüsselbein von der Mitte des Körpers, von der Stelle des anatomischen Halts und dem Platz des inneren Antriebes, eine nach außen gewandte Aktion einleitet: einen Ausdruck, der sich über das Schlüsselbein bis in die Hände ausbreitet und das Gelebte, Gefühlte und Gesagte gestenreich unterstützt oder anführt. Trifft das Schlüsselbein in einer Zeichnung aufgrund des fehlenden Brustbeins direkt auf die Brustwirbelsäule, läuft die Kopplung falsch. Der Weg vom Erleben zum Ausdruck wird missinterpretiert, aber: Der Ausdruck ist vorhanden, denn das Schlüsselbein beginnt die Handlung.

Was ist mit Zeichnungen, wo das Schlüsselbein selbst fehlt; wo der Oberarmknochen die Verbindung zur Mitte formt? Wieder ist die Kette vom Zentrum zum Ausdruck gestört. Nun aber nicht nur an der Basis beim Brustbein, sondern auch in der Übertragung. Ein Prinzip, das ebenso für das Schulterblatt, das folgende Element der Bewegungskette, gilt, und was in einer Kombination mit einem fehlenden Brustbein weitaus häufiger vorkommt (Abbildungen 2-2a, 2-2b, 2-2d, 2-2f). Beim fehlenden Schulterblatt ist der gestische Ausdruck, die äußerlich sichtbare Kreativität nicht vollständig integriert; währenddessen das fehlende Schlüsselbein die von innen organisierte Variabilität deutlich minimiert.

Ein weitere Möglichkeit, Body Reading über die Skelettzeichnung zu erfahren, sind die häufig nach außen verlagerten Positionen der Hüftgelenke (Abbildungen 2-2a, 2-2c, 2-2d). In Richtung des großen Rollhügels des Oberschenkels, der an der Seite ertastbar ist. Die tatsächlichen Hüftgelenke hingegen liegen in der anatomischen Wirklichkeit näher an der Mittellinie als an der Außenseite des Beckens. Was ist ihre Funktion? Sie übertragen die Kraft und Last des Beckens, des Rumpfes, der Arme und des Kopfes an die Beine weiter. Sie stabilisieren und verbinden. Die Personen, deren Hüftgelenke nach außen verlagert sind, sind ebenfalls im Becken mit den Beinen verbunden; doch Statik und Lastverteilung sind hier gestört, auch bildlich nach außen verlagert, so dass sie nicht von innen selbst her wirken können. Das könnte eine wie auch immer geartete Form der Destabilisation sein, eine schwerfällige Verarbeitung oder ein hartnäckiges Dagegenhaken mit Hilfe der naheliegenden Muskelgruppen, um die Position zu rechtfertigen. Das Verhältnis der Last, die Erdung, das Abgeben den Zentrums an den Boden befindet sich im Ungleichgewicht.

In diesem Stil kann man die Skelettzeichnung „readen", bis hin zu den Längen der Röhrenknochen. Sie können, sofern es die Zeichnung hergibt, alle Überlegungen der folgenden Seiten darauf beziehen und sie sich selbst bestätigen. Eine besonders kraftvolle Analyse wird aber erst dann möglich, wenn Sie dem Menschen gegenüberstehen und als leibliche Einheit realisieren. Deshalb unterbrechen wir die invasive Lageberichterstattung des Body Readings und wenden uns der ersten praktischen Erfahrung zu. Wir starten dort, wo auch der Körper in seiner Entwicklung startet, direkt in den ersten Stunden nach der Befruchtung der Eizelle. Die allerersten Aktionen des Lebens finden im unteren Rücken statt, im sogenannten Neuralrohr, der späteren Wirbelsäule. Dort beginnt menschliches Leben und in diese Nähe bewegen wir uns hin.

Wenn Sie dieses Buch erleben und Body Reading integrieren wollen, ist die folgende Übung sehr wichtig. Dies trifft übrigens auch zu, wenn sie therapeutische Hilfe für den Rücken oder die körperliche Integration der Wirbelsäule suchen. Mit der nun folgenden „Beckenrolle" lernt man, dass man mit Hilfe von Beinen und bestimmten, tiefen Rückenmuskeln das Becken rotieren kann. Dies ist die grundlegende und erste komplexe motorische Bewegung des Lebens. Bevor Sie weiterlesen, nehmen Sie sich mindestens zwanzig Minuten Zeit für die Übung.

## 2.3  Becken

### 2.3.1  „Beckenrolle" (Übung)

Die ursprüngliche Version dieser Übung stammt aus dem Buch „Feldenkrais – Übungen für jeden Tag" (Wildmann, 2000) und wird hier in leicht modifizierter Form wiedergegeben.

### Vorbereitung

Zur Vorbereitung legen Sie sich auf den Rücken, strecken Sie Beine und Arme aus und nehmen Sie wahr, wie Sie liegen. Welche Teile des Körpers haben Kontakt mit dem Boden, welche nicht? Spüren Sie, an welchen Stellen Sie Gewicht abgeben können? Nehmen Sie das Gefühl in Ihrem unteren Rücken wahr (entspannt, angespannt, etc.) und empfinden Sie den Abstand des unteren Rückens zum Boden. Wie weit ist es ungefähr von der höchsten Stelle des Rückens bis zum Boden? Fällen Sie ein Lot und messen Sie den Abstand mit Ihrem inneren Auge.

1.  Ziehen Sie jetzt die Knie an und stellen Sie die Füße flach auf den Boden. Finden Sie eine sehr bequeme Stellung für Ihre Füße, so dass die Füße ungefähr schulterbreit auseinander stehen. Achten Sie darauf, dass die Knöchel nicht nahe zusammenstehen und dass Ihre Füße flach genug auf dem Boden stehen, damit Sie Fersen und Zehen auf dem Boden spüren können. Finden Sie die Stelle, an der Ihre Knie über den Füßen im Gleichgewicht sind. Behalten Sie diese grundlegende Position bis zum Ende der Übung aufrecht, auch in den Pausensequenzen. Ausgestreckt auf den Rücken legen Sie sich erst wieder, wenn diese Übung als Ganzes abgeschlossen ist. Sollten sich allerdings Körperempfindungen einstellen, die unangenehm oder schmerzhaft sind, können Sie jederzeit die Übung unterbrechen oder nach Ihren Bedürfnissen gestalten.

2.  Drücken Sie Ihre Füße jetzt in den Boden, so dass Ihr Becken zum Kopf rollt und Ihr Kreuz näher zum Boden kommt. Wenn Sie das Gefühl haben, dass es voll auf dem Boden aufliegt, ist das Ende der Bewegungsrichtung des Beckens nach oben aufgrund der morphologischen Bedingungen erreicht.

Entspannen Sie dann diese Muskeln wieder, und rollen Sie das Becken in Richtung Ihrer Füße (nach unten). Sie werden spüren, wie Ihr Gewicht sich auf den unteren Teil Ihres Beckens verlagert und sich Ihr Rücken zusammenzieht. Die Lendenwirbelsäule wird sich dabei vom Boden abheben und wieder in die lordotisierte (gehöhlte) Ausgangsposition und auch darüber hinausgelangen, so dass der Rücken jetzt noch weiter vom Boden entfernt sein kann, wie er es in der Ausgangsposition gewesen ist.

Drücken Sie dann wieder durch Ihre Füße, und rollen Sie das Becken zurück in Richtung Kopf, bis die Lendenwirbelsäule wieder flacher wird.

Rollen Sie Ihr Becken weiter vor und zurück, in Richtung Kopf und dann in Richtung Füße, und achten Sie dabei darauf, wie Ihr Kreuz flacher wird und sich dann wieder wölbt. Ruhen Sie sich aus.

**3.** Wiederholen Sie den Bewegungsablauf. Drücken Sie die Füße in den Boden und rollen Sie Ihr Becken in Richtung Kopf. Achten Sie dabei stets darauf, Ihr Becken nicht vom Boden abzuheben. Während es weiter schwer auf dem Boden liegen bleibt, wird es weit genug rollen, damit Sie spüren können, wie Ihr Kreuz flacher wird und dem Boden näherkommt.

Rollen Sie dann Ihr Becken in Richtung Füße, während das Gewicht Ihres Beckens weiter voll auf dem Boden bleibt, und Sie spüren, wie die Kurve in Ihrer Lendenwirbelsäule zunimmt. Bewegen Sie sich auf diese Weise innerhalb bequemer Grenzen hin und her.

Während Sie diese Bewegung ausführen, werden Sie spüren, dass Ihr Kopf durch das Rollen der Wirbelsäule gezogen und geschoben wird. Sie sollten spüren, wie Ihr Kopf auf dem Boden eine Auf- und Abbewegung macht. Entspannen Sie Ihren Kiefer, so dass die Zähne nicht aufeinanderbeißen. Entspannen Sie Stirn und Augen, und prüfen Sie, ob Sie Ihr Becken in Richtung der Füße etwas weiter rollen können.

Machen Sie sehr langsame Bewegungen. Achten Sie darauf, dass Sie sich langsam genug bewegen, um spüren zu können, wie Ihre Beine in die Füße, in den Boden hineindrücken, und wie Ihr Rücken arbeitet, wenn Sie Ihr Becken auf die Füße zu rollen, um die Wirbelsäule zu biegen. Falls die Bewegung in eine der beiden Richtungen für Sie unangenehm sein sollte, verringern Sie das Ausmaß der Bewegung in diese Richtung. Machen Sie abschließend eine Pause.

**4.** Legen Sie Ihre Hände auf den Bauch und wiederholen Sie diese Bewegung. Vielleicht spüren Sie, dass Sie den Bauch anspannen, um Ihr Kreuz dabei zu unterstützen, näher an den Boden zu kommen. Diese Form der Anspannung ist unökonomisch, denn die Bauchmuskeln müssen bei dieser Übung nicht eingesetzt werden. Es reicht aus, einfach durch die Beine Druck auf die Füße auszuüben, um das Becken dabei zu unterstützen, in Richtung Kopf zu rollen. Eine aktive Beteiligung des Bauches hingegen ist nicht nötig; er braucht sich nicht zusammenzuziehen. Wir spannen oft den Bauch an und versteifen ihn, wenn wir unseren Rücken bewegen wollen. In dieser Übung versuchen wir bewusst darauf zu verzichten und uns so ökonomisch wie möglich zu bewegen.

Versuchen Sie, ruhig zu atmen, Wärme und Leichtigkeit in die Bauchregion zu senden oder geben Sie ihrem Nervensystem die Aufforderung, den Bauch zu entspannen. Wenn Sie mit ruhiger Atmung leicht und angenehm mindestens fünf Beckenbewegungen vor und zurück schaffen, ist Ihr Bauch bei der Bewegung wahrscheinlich frei von Anspannung.

Machen Sie eine Pause, und ruhen Sie sich aus.

**5.** Legen Sie nun die gleiche Achtsamkeit an den Tag, indem Sie Ihre Hände an die Gesäßmuskulatur legen. Spüren Sie auch hier; und korrigieren Sie auch hier gegebenenfalls mit Hilfe der Atmung und der Vorstellungskraft. Auch die Arbeit der Gesäßmuskulatur ist bei dieser Bewegung natürlicherweise nicht notwendig. Versuchen Sie auch diese, so gut es geht, während der Bewegung zu lösen und zu entspannen.

Ruhen Sie sich aus.

**6.** Legen Sie Ihre Arme auf den Boden über Ihrem Kopf, so dass die Handrücken auf oder nahe dem Boden liegen. Fühlen Sie, wie sich Ihr Brustkorb weitet und Ihre Rippen öffnet. Rollen Sie Ihr Becken wieder vor und zurück, vom Kopf zu den Füßen, und achten Sie darauf, ob Ihnen die Bewegung nun größer erscheint. Können Sie spüren, dass sich die Stellung der Wirbelsäule verändert, wenn Ihre Arme über dem Kopf sind?

Prüfen Sie, ob Sie jetzt mehr Bewegungsspielraum in Ihrem Becken haben. Bringen Sie abschließend die Arme wieder neben den Körper ruhen Sie sich anschließend wieder aus.

**7.** Wiederholen Sie die Beckenrolle und beginnen Sie damit, Sie so groß zu machen, wie es Ihnen ohne Anstrengung möglich ist. Machen Sie zugleich eine sehr langsame, fast zeitlupenartige, aber gleichzeitig große, raumgreifende Bewegung.

Ruhen Sie sich aus.

**8.** Sobald Sie mit der Bewegung vertraut geworden sind, können Sie sie so schnell machen, wie es für Sie bequem ist. Wenn Sie sie langsam eingeübt haben, werden Sie sich bald sicher fühlen. Fangen Sie an, die Bewegung langsam zu beschleunigen, ungefähr so wie eine Dampflokomotive, die anfährt und allmählich beschleunigt, bis sie ihre volle Geschwindigkeit erreicht hat. Gleichzeitig können Sie bei dieser Aufgabe den Bewegungsspielraum wieder verkleinern, indem Sie das Auf- und Abrollen nicht bis an das weitest mögliche Ende ausführen. Die Aufgabe lautet dieses Mal also: machen Sie die Bewegung schneller, aber nicht so weitreichend. Prüfen Sie, ob Sie das ohne jede Anspannung in Ihrem Bauch und Ihrem Gesäß schaffen können, und dass Ihre Atmung ruhig fließen kann.

Richten Sie Ihre Aufmerksamkeit vor allem auf die Einfachheit und Leichtigkeit der Bewegung. Spüren Sie, wie Ihr Kopf frei auf die Bewegungen des Beckens reagieren kann. Entspannen Sie Ihren Kiefer, und lassen Sie den Kopf auf dem Boden vor- und zurückkippen, Ihr Brustkorb bleibt weich und entspannt.

Beobachten Sie, wie Ihre Füße auf den Boden drücken und Ihr Becken bei dem Vor- und Zurückrollen unterstützen, auch wenn Sie die Bewegung schnell ausführen. Beenden Sie die Bewegung, und ruhen Sie sich aus.

**9.** Strecken Sie Ihre Beine aus und legen Sie Ihre Arme neben sich auf den Boden, wie zu Beginn der Übung. Überlassen Sie, bei ausgestreckten Beinen, Ihren Rücken vollständig dem Boden. Achten Sie darauf, ob Ihr Körper jetzt auf andere Weise auf dem Boden liegt als am Anfang. Spüren Sie, ob Ihr Rücken sich jetzt tiefer, flacher und breiter anfühlt. Wie groß ist jetzt der Abstand zwischen dem höchsten Punkt der Lendenwirbelsäule und dem Boden?

### 2.3.2 Beckenorganisation

Diese einfache Wiegebewegung des Beckens reicht in der Regel aus, um den Muskeltonus in Ihrem unteren Rücken deutlich zu verringern. Viele Menschen machen die Erfahrung, dass sie gewöhnliche Rückenbeschwerden mit dieser leichten Mobilisation der unteren Rückenmuskulatur schnell lindern können. Darüber hinaus bringt diese Übung eine wichtige biomechanische Erkenntnis zum Vorschein: die Beckenstellung definiert alles Weitere, was ihr knöchern aufwärts folgt. Die Kippung des Beckens nach oben oder unten bestimmt Stellung von Rumpf, Armen und Kopf.

Im Stehen wird obendrein erfahrbar, dass neben der Kippung nach oben und unten – der Beckenrolle, die man im Liegen auf dem Boden besonders gut wahrnehmen kann – noch eine weitere Beckenbewegung möglich und für die Körperorganisation maßgeblich ist: das Vor- und Zurückschieben des Beckens in der Horizontalen, welches dadurch entweder vor oder hinter der Lotlinie des aufgerichteten Körpers liegt.

Da das Vor und Zurück, die horizontale Bewegung, nicht an die Kippung nach oben oder unten, die vertikale Bewegung, gebunden ist, lassen sich mit diesen beiden Ebenen vier grundlegend verschiedene Stellungen kombinieren: Becken vor und oben, Becken vor und unten, Becken hinten und oben, Becken hinten und unten. Es gibt beim Body Reading auch „normale" Stellungen, entweder in der Kippung oder Horizontalen, äußerst selten in beiden Fällen zusammen (**Abbildung 2-3**).

# Die vier möglichen Beckenstellungen

Becken: vorne und unten          Becken: vorne und oben

Becken: hinten und unten          Becken: hinten und oben

**Abbildung 2-3:** Die vier möglichen Beckenstellungen (Zeichnung: grafikramer.de)

### 2.3.3  Beckenbeobachtung

Für die Stellung des Beckens in der Horizontalen ziehen Sie zunächst eine vertikale Linie: die Anordnung der wichtigsten Elemente und ihre lotgerechte Position. Ohr, Schulter, Hüft- und Sprunggelenk dienen hierbei als primäre Gradmesser. Das Zusammenspiel von Schulter- und Hüftachse ist dabei von entscheidender Bedeutung und gibt an, ob das Becken vor oder zurückgeschoben wird; denn die Schulter reagiert auf die Bewegung des Beckens mit der gegenteiligen Richtung. Und bestätigt, was die Übung der „Beckenrolle" vorgegeben hat. Jede Bewegung des Beckens hat eine Auswirkung auf die Organisation des oberen Körpers.

Die Rotationsstellung des Beckens erkennt man an der Wölbung des unteren Rückens, der Lordose der Lendenwirbelsäule. Bei einer Kippung nach unten (Richtung Füße) wird die Lordose verstärkt, bei einer nach oben (Richtung Kopf) sorgt sie für eine sichtbare Abflachung. Dies kann man auch als verstärktes Hohlkreuz in unterschiedlicher Ausprägung, sowie als flachen Rücken (oder auch: steiles Becken) in ebenfalls unterschiedlicher Ausprägung bezeichnen.

Die allermeisten Menschen finden sich in einer der vier Positionen wieder (siehe Abbildung 2-3). Auch wenn es sich dabei im Einzelfall um Nuancen in der Abweichung handelt. Dann zeigen diese ebenso die Nuancen der Persönlichkeit, die der Körper sichtbar und spürbar macht. Die folgende Beschreibung ist ein Vorgriff auf die detaillierte Körperanalyse im zweiten Teil des Buches. Sie dient als Muster hinsichtlich der Methodik und Aufbereitung.

### 2.3.4  Body Reading des Beckens

Welche weiteren, nicht-anatomischen Funktionen befinden im Becken? Die Antworten lauten physiologisch Sexualität, Blasenausgang, Enddarm. Viele Menschen benutzen abgesehen von der Sexualität folgende Begriffe: Lebenssitz, Zentrum, erstes Chakra, Verbindungspunkt zwischen oben und unten. Man erkennt: Diese Körperregion ist aufgrund dieser speziellen Funktionen nicht so leicht zu beschreiben. Sexualität ist ein unwirkliches Wort für die Macht dieser organischen und lebensnotwendigen Funktion. Jeder dieser Begriffe ist ein Versuch dieser Größe gerecht zu werden und in jedem Begriff stecken die Entsprechungsprinzipien des Body Readings. So ist das Becken, wie die Sexualität, stets unermesslich und in besonderem Kontakt zu transzendenten Erfahrungen. Eine Energie, die das Becken in dieser Deutlichkeit von jeder anderen Region des Körpers unterscheidet.

Die folgenden Deutungen sind erstmalig in Fülle und gleichzeitiger Einfachheit in einem 1977 (in deutscher Sprache: 1981) erschienenen Buch des amerikanischen Körpertherapeuten Ken Dychtwald beschrieben worden. Sein Buch „Körperbewusstsein" bietet seit vielen Jahren einen hilfreichen Einstieg in unser Thema. Seien Sie sich vorab jedoch bewusst, dass Body Reading keine Mathematik, keine Beschreibung von Formeln und Gesetzen ist, was in dem Buch von Dychtwald durchaus den Anschein haben kann (Dychtwald, 1981). Um den gewünschten Effekt der Resonanz zu erzielen, seien Sie sich darüber hinaus im Klaren, dass die verwendeten Wörter eine Tendenz andeuten und nicht in ihrer extremen Form für jeden Klienten übersetzt werden sollten. Mit dieser vorsichtigen Haltung schauen Sie sich die folgenden Definitionen an: das Body Reading der beiden Bewegungsebenen des Beckens.

---

**Definitionen**

Becken: Fundament des Rumpfes, Sexualität, Ausscheidung

Becken nach vorne geschoben: oberflächliche Aktivität, Verdrängung, Machtgehabe

Becken nach hinten geschoben: Rückzug, Schutz, Abwehr

Becken nach oben gekippt (Steiles Becken): Kontrollzwang; emotionaler Phlegmatismus; sexuelle Unterentwicklung

Becken nach unten gekippt (Hyperlordose): Überbetonung Sexualität/Sinnlichkeit/Emotionalität; Furcht, sich gehen zu lassen

---

Wenn Sie zunächst bei einer tendenziellen Übernahme der Bedeutungen bleiben, fällt Ihnen die Annahme leichter, dies womöglich in Ihrem oder einem anderen Körper nachzuempfinden. Die anatomisch-physiologische Erklärung soll dabei helfen.

## Horizontale Beckenstellung (vorne oder hinten)

Die Bewegung des Sexualaktes ist ein Vor und Zurück und gipfelt im Orgasmus-Reflex, dem Schnellen des Beckens nach vorne im Tierreich im Moment der Lebensvermehrung. Generell ist die Bewegung des Beckens nach vorne eine Zurschaustellung zentraler und besonderer Organe. Überdeutlich wird dieses Motiv im Cowboy. Jenem starken Männlichkeitstypus, der prägend für viele kulturelle Bilder seiner Nachkommen ein soziales und psychisches Machtgehabe des vorgeschobenen Beckens demonstriert. Es ist selbstredend genauso bei Frauen anzutreffen, da es sich um das innere Prinzip handelt und die Geschlechterrolle nur in der ursprünglichen Ausführung als Vorbild diente. Es ist das Motiv der verdichteten, existenziellen, sexuellen und dadurch grundlegend materiellen Bewegung. Das Gegenteil ist der schüchterne Rückzug nach hinten, die nicht ausgelebte, an einer Stelle unterdrückte Expression des Selbst. Grundsätzlich sind das Vorwärtsstreben und der Rückzug, auch als Extreme, natürlicher und täglicher Bestandteil des

Lebens. Die Aufgabe des Body Readings liegt darin, etwaige Chronifizierungen aufzuspüren. Und anhand dieser ein mögliches Urteil zu fällen.

Besonders spannend kann dies bei nach vorne geschobenem Becken und gleichzeitig zurückhaltender Körper- und Verbalsprache sein; denn das Machtgehabe, was im Becken ausgedrückt wird, ist dadurch nicht direkt offenkundig. Dann lohnt es sich, andere Bereiche, die nach vorne geschoben werden, hinzuzuziehen. Wie etwa das Mitleid erregende Gejammer, die rationale Erklärung der emotionalen Unausgeglichenheit oder ein Hobby sowie andere mentale Beschäftigungen, in denen man im Gegensatz zu seiner generellen Persönlichkeit besonders hervorsticht und -prescht.

## Beckenkippung (Lordose oder Kyphose der Lendenwirbelsäule):

Der Orgasmusreflex des Säugetiers findet nicht nur in einer Beckenbewegung nach vorne, sondern zugleich in einer nach unten statt. Die Knochenkette im Rücken höhlt sich als Antwort auf den sexuellen Schub; in der Phase der Erschlaffung zieht sich die Knochenkette zurück. Die Manipulation des Orgasmus, ihn entgegen seiner natürlichen Funktion zu gebrauchen, ist nicht möglich; im Gegensatz zu einem Rülpsen, einem Schreien oder manchmal sogar einem Weinen. Das bedeutet: Die Erregung ist vorgeschaltet und bringt in ihren Erscheinungen körperliche Ausprägungen mit sich. Einen Orgasmus zurückzuhalten ist nur dann möglich, wenn Maß und Form der vorgeschalteten Erregung eingeschränkt werden. Eine derartige Form der Unterdrückung offenbart sich in einer gerade gebogenen Knochenkette: Der flache Rücken zeigt eine wie auch immer geartete Kontrolle der eigenen Erregung.

Das nach unten gekippt Becken weist hingegen auf die Übertreibung, das Maßlose. Die Übererregung ist dann keine organische Notwendigkeit mehr, sondern eine emotional organisierte Vermeidungsstrategie.

Beides, Kontrolle halten und sich gehen lassen, sind Elementarfunktionen des Lebens, die täglich im Wechselspiel stehen. In chronifizierten Stellungen des Beckens zeigen sie sich als generelle und tiefliegende Prinzipien der Persönlichkeit. Das müssen nicht zwangsläufig die entscheidenden Themen eines Menschen sein; sie sind gleichwohl in jedem Fall sehr bedeutend, denn sie sind Grundlage und Fundament des Rumpfes und seiner Ausbauten.

### Das Becken

Funktion: Verbindung Beine und Rumpf, Sexualität, Ausscheidung

Prinzip: Macht, Rückzug; Kontrolle, sich gehen lassen

Fragen: Was schiebe ich vor, was zurück? Was unterdrücke und kontrolliere ich? Was bedeutet Orgasmus für mich? Wohin bewege ich mich? Wie bewege ich mich?

# 3 Grundlagen des Body Readings

## 3.1 Body Reading als Wissenschaft

Nach diesem ersten Vorgriff auf die körperliche Einzelanamnese ist es an der Zeit, die theoretischen Grundlagen zu beschreiben. Worauf bauen wir auf, welche Geschichte gibt es, welche wissenschaftlichen oder pseudowissenschaftlichen Lagebeschreibungen kennt man?

In der medizinischen Nomenklatur hat sich das Sternum als die Bezeichnung für das Brustbein durchgesetzt. Sie gilt überall, wo wissenschaftlich gearbeitet wird. Helium ist die Bezeichnung für das erste Edelgas in der Elementeskala und seine physikalischen und chemischen Voraussetzungen sind in der Vereinbarung der Menschen, die sich damit beschäftigen, gleich. So gilt es für tausende akademische Lehrsätze. Aber es gibt keine Wissenschaft, keinen Kanon des Body Readings; gleichwohl gibt es zahlreiche Ansätze, die sich darin versuchen, es wissenschaftlich zu benennen. Der folgende anthropologische Blick ist eine Zusammenfassung dieser wissenschaftlichen Möglichkeiten. Anatomie, Biomechanik, Physiologie, Psychologie und schließlich die leibhaftige Biologie helfen uns, Body Reading tiefer spüren zu können.

Body Reading ist eine Methode der Körperdiagnostik. Sie findet Anwendung in der Körperpsychotherapie, der Verhaltenstherapie und der Kommunikationsarbeit sowie im täglichen Leben, dann aber ohne Bezeichnung. Das Vorgehen ist: Der Praktiker gewinnt Erkenntnisse aus Organisation, Körperenergie, Bewegungsdynamik und Verhalten; er kann sagen, welche Schulter höher ist, wie die Füße positioniert sind, in welche Richtung der Körper zielt, wie die Arme rotieren, die Augen zirkulieren oder der Brustkorb und das Becken stehen. Daraus gewinnt der Praktiker Hypothesen oder Annahmen über Empfindungen, Gefühle, Gedanken, Krankheiten, Wünsche oder Defizite. Ob diese genau mit denen des Gegenübers in Einklang sind, ist unerheblich. Die Hypothese ist die Übersetzung des zwischenmenschlichen Ausdrucks und keine messbare Energie. Gleichwohl kann es im Verlauf der Anwendung so erscheinen.

Der Body Reader fragt nach den Ursachen der Haltung, nach dem persönlichen und kulturellen Habitus. Welche Einflüsse wirken? Zunächst, wenig verwunderlich, Konstitution (Genetik) und darüber hinaus, ebenfalls wenig verwunderlich, die Erfahrung, die sich aus Prägung und Konditionierung zusammensetzt. Prägung meint hier in der Regel frühkindliches, irreversibles Lernen, Konditionierung meint später erworbenes, reversibles Lernen. Die Haltung wird von der Konstitution bedingt, und von Prägung und Konditionierung verwirklicht. So entsteht die eigene Körpergeschichte. Jeder Hinweis, wie in den Bauch atmen, den Bauch einziehen, Schultern lockerlassen, Kopf gerade, Füße nach außen, Gesäß fest zusammenpressen, formt. Je öfter der Mensch beauftragt wird, umso mehr folgt der konditionierte Körper. Immer, wenn man sich herschenkt, sich zurückzieht, sich schützt, sich klein macht, folgt der Körper. So entsteht ein Körper, der sich in unterschiedlichen und häufig verschobenen Stellungen offenbart, ob mit Kommandos von außen oder von innen.

### 3.1.1  Basisprinzipien

Angeboren versus Erworben

In den Wissenschaften gibt es seit langem eine Debatte zwischen zwei unabdingbaren Partnern, die vereinfacht lautet: angeboren versus erworben. Eine Debatte, die biologisch unsinnig ist, denn beide sind notwendigerweise eine Einheit und beschreiben den Körper. Die Leugnung oder Abschwächung des anderen Anteils ist, dafür manchmal umso intensiver, nur mental möglich. Die Anthropologie erkennt beide ihrer biologischen Form nach als Kombination an. Diese Einheit von Konstitution und Prägung bzw. Konditionierung ist die Körpersprache, die sich zunächst im Ausdruck von Mimik und Gestik offenbart.

Erkennen Sie bei einem Lachen, ob es angeboren oder erworben ist? Können Sie sich entscheiden, ob das Lachen des Erwachsenen so klingt wie das des Kindes? Ursprünglich? Oder ist dieses Lachen durch die Konditionierung in eine andere Form verschoben worden? Vielleicht nur in manchen Situationen, vielleicht auch als feste Größe? Es gibt keine natürliche Bedingung, warum es notwendig sein sollte, dass Lachen oder andere Körperausdrucksweisen grundlegend zu verändern. So ist es in den ersten, prägenden Jahren noch gar nicht möglich, den Mund und das ganze mimische Wesen in einer Emotionalität darzustellen, die nicht genau dem inneren Antrieb entspräche. Es ist noch nicht möglich, gegen die Ausdrucksharmonie zu arbeiten. Das Konzept der willkürlich entworfenen Harmonie braucht mehrere Jahre, in denen Mimik und Gestik in vielfältiger Weise neu konditioniert werden.

## Ausnahmeregel

Body Reading ist keine Mathematik oder Formel. Es gilt, die Individualität anzuerkennen, wie sie auf den folgenden Bildern erkennen können (**Abbildung 3-1** und **3-2**).

Betrachten Sie die Bilder in Ruhe. In gelöster, empfangender Haltung. Die Geste der Armverschränkung ist das Thema. Wie wirkt das eine, wie das andere Bild? Welche Funktion hat das Verschränken der Arme, und welche speziellen Nuancen sind hier zu sehen? Lassen Sie sich Zeit.

Die Arme verstärken den Schutz der zentralen Rumpforganisation, halten sich mächtig vor das Brustbein. Die Möglichkeiten, dass von außen in die innere Organzentrale eingedrungen werden kann, werden gemindert. Diese Geste tritt in der Regel als Abwehrhaltung auf und jene Bedeutung trifft in einfacher Form auf etliche verschränkte Armhaltungen zu, bei denen dann auch Schultern, Rumpf und Kopf hinzuarbeiten, die sich unisono nach hinten wenden, wie man in Abbildung 3-1 erkennen kann. Hinzu kommen dort auch unmissverständlich der Blick und die Mimik des Mundes. Hier trifft die klassische, psychologische Beschreibung der Abwehr ohne Weiteres zu.

Das ist in Abbildung 3-2 ganz anders. Der Blick ist keck, Kopf und Schultern nach vorne geneigt, der Mund spitzbübisch, der Körper lasziv und präsentierend. Der Mensch nutzt eine vordergründige Abwehrhaltung als spielerische Neckerei. Er bietet sich an, aber gibt nicht sogleich alles preis. Auf beiden Bildern werden die

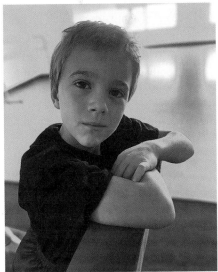

**Abbildung 3-1:** Verschränkte Arme 1
(© Vanessa Gerhards)

**Abbildung 3-2:** Verschränkte Arme 2
(© Vanessa Gerhards)

Arme verschränkt; sie sagen aber etwas anders: „Lass mich in Ruhe", versus: „Komm doch mal näher".

## Ur-Annahmen

1. Tiefere Körperstrukturen, vor allen Dingen die Beckenstellung, sind grundlegend und eindeutig; bei oberflächlichen ist dies anders. Sie haben mehrere Bedeutungen und sind – primär Mimik und Gestik – anfällig für Manipulationen.
2. Es gibt eine Unterscheidung zwischen körperlichem Bedürfnis und Bewusstsein. Dies gilt für den Betrachteten wie für den Betrachter. Das körperliche Bedürfnis, Spannungen abzubauen ist vorhanden und spiegelt sich in der Muskulatur wider; das Bewusstsein hingegen kann sich auf das Verlangen nach Sport, Nahrung oder Sexualität ausrichten und die auslösenden Emotionen missachten, die tiefen Regungen überhören. Das Bewusstsein des körperlichen Bedürfnisses ist grundlegend für jede Körperbetrachtung, auch die eigene.
3. Denken kann den Zugang beim Körperlesen behindern. Besonders dann, wenn es als Anführer oder alleiniger Herrscher auftritt. Denn die anderen Grundfähigkeiten des Organismus, das Empfinden, das Fühlen und das Initiieren, sind mindestens gleichwertige Partner des Denkens. Sie hören mit inneren Ohren, Sie spüren im Bauch, Sie fühlen im Herzen, Sie merken in den Beinen, was gerade Sache ist. Die Formen und Energien, die sich Ihnen dabei offenbaren, sind keine esoterische Annahme, sondern anatomische und physiologische Wirklichkeiten.
4. Die Verlagerung des eigenen Wesens in den zu lesenden Körper kann eine Spiegelung sein. Wenn nämlich das Gegenüber genau die gleichen Konfigurationen, unterdrückten Bedürfnisse oder körperlichen Ausdrucksformen präsentiert, die man selbst ausdrückt. Dies könnte blind und taub machen für Schmerzen oder Spannungen, da man sie selbst nicht als solche wahrnehmen kann. Aufgrund der mannigfaltigen Möglichkeiten des menschlichen Organismus ist diese auf den ersten Blick vielleicht eher häufig vorkommende Option äußerst selten. Denn schon kleinste Abweichungen reichen aus, um die Empathie auf das Gegenüber zu verlagern; und um das Andere vorbehaltlos wahrnehmen und die anderen Strukturen, Funktionen und Strömungen distanziert betrachten zu können.

Diese Ur-Annahmen sind für viele Anwender selbstverständlich. Wer sich mit Body Reading beschäftigt, wird über kurz oder lang automatisch zu den hier aufgeführten Phänomenen gelangen.

## 3.2  Body Reading ist nicht Body Language

Körper zu lesen ist nicht nur einfach, sondern auch notwendig. Als Teil der menschlichen Biologie und des komplizierten Sozialverhaltens wird man bei der Nachforschung auf alte Strukturen zurückgreifen können. Bevor wir uns konkret diesem archaischen Vorgang widmen, lohnt sich ein Blick auf die jüngere Geschichte der Deutung des Körperausdrucks. Dabei erkennt man zunächst zwei deutlich unterscheidbare Herangehensweisen.

Eine oberflächliche Form ist die *Demaskierung*. Gesten, Mimik und die Positionierung des Körpers im Raum sind klassische Anwendungsgebiete moderner Demaskierung. In der Fachliteratur und in der Öffentlichkeit wird diese Form des Body Readings in der Regel als „Körpersprache", „Body Language" oder „Kinesics" bezeichnet. Die daraus resultierende Möglichkeit ist: das Verstehen.

Die tiefere Form des Body Readings ist eine körperliche *Empathie*, das Bewusstsein, die Ungleichgewichte der Biologie des Anderen nachzuempfinden. Diese Form des Body Readings wird häufig auch als „Body Reading" bezeichnet, in seltenen Fällen wird auch hier der Begriff „Körpersprache" benutzt. Man kann aber auch *der andere Körper sein* oder *innere Achtsamkeit im Miteinander* sagen, wenn man es allgemeiner ausdrücken möchte. Diese intensive, ganzkörperliche Form des Body Readings führt: zum Erleben.

### 3.2.1  Lernen und Verstehen

Der Prinzip des Verstehens ist an das Lernen gebunden, setzt dieses voraus, egal ob bewusst oder unbewusst. Noch vor dem Verstehen kommt das Erleben. Dennoch ist in der öffentlichen Vorstellung, auch mit Hilfe der wichtigen Sprachfunktionen, die demaskierende Form des Body Readings deutlich präsenter. Beispiele für das klassische, funktionale Verstehen finden sich seit langem in der Anthropologie, hier gesondert auch in der Physiognomie, der Psychologie oder der Verhaltensbiologie. Zunutze machen sich diese Möglichkeit der Demaskierung von Gestik, Mimik und Körpersprache Fachmänner und -frauen in den Bereichen Personalanalyse und -management, genauso wie in der alternativen Medizin. Das berühmte Buch „Krankheit als Weg" (Dethlefsen & Dahlke, 1991) ist eine naheliegende Referenz. Das Motto Lernen und Verstehen wird hier offenkundig, da medizinischen Symptomatiken Entsprechungen auf der Ebene der Persönlichkeit oder des Seelenhaushaltes zugeschrieben werden. Es ist ein klassisches analoges Bezugssystem, das man überspitzt formuliert als *Vokabelheft* bezeichnen kann. Einem Symptom steht eine Übersetzung auf der anderen Seite gegenüber. Die triefende Nase repräsentiert das Verschnupft-Sein, der verstimmte Magen die offensichtlichen Verstimmungen, die verfettete Leber die Überforderung der Entsorgung. Gleiches gilt für eine Vielzahl darauf aufbauender Werke, in denen erworbenes körperliches Verhalten, aber auch konstitutionelle Bedingungen übersetzt, gedeutet und verstanden werden können. Im Extremen liest es sich wie bei Lisa Bourbeaus (2014) „Dein Körper weiß alles über Dich" wie eine Komplettdeklination aller nur möglichen Zeiten, Fälle und Modi. Die Nasenform, die Ohrengröße, die Augenbrauendichte: Sie alle werden, den funktionellen Grundlagen entsprechend, für einen Body Reader logisch übersetzt. Ein statisch, gleichsam mathematischer Ansatz, der das eigene Erspüren und Erleben beeinträchtigt; der den jederzeit sich neu gebärenden Augenblick missachtet; der gleichwohl eine klare, verständliche Sprache spricht, auf die zurückgegriffen werden kann, mit einer notwendigen Einschränkung: Sie sind nur die gedankliche Ausarbeitung des Erlebens. Dieses jedoch soll im Vordergrund stehen, die natürliche erste Option sein.

### 3.2.2  Erfahren durch Erleben

Das hier vorgestellte Body Reading ist eng mit der Körpertherapie und hier besonders mit einem Namen verbunden: Wilhelm Reich. Jener Schüler Sigmund Freuds hat das Body Reading nicht explizit in den Vordergrund seiner Arbeit gestellt, es wortwörtlich so nicht einmal erwähnt, doch die sich daraus ergebenden therapeutischen Ausdrucksmöglichkeiten ihrer Natur nach beschrieben. Sein Wirken in der europäischen Wissenschaftsgeschichte ist revolutionär, denn er hat als erstes eine ganzheitliche Symbiose des menschlichen Körpers im Sinne seiner Persönlichkeit integriert. Die erst später entwickelte und fälschlicherweise als Psychosomatik bezeichnete Möglichkeit, den Körper medizinisch zu verorten, ist aufgrund ihrer eingeschränkten Sichtweise keine Alternative. Im Gegenteil: In dieser Form kommt sie einem Niedergang des Wissens und der Möglichkeiten gleich.

Reichs Schüler Alexander Lowen hat die Grundideen in einer Methode namens Bioenergetik für die Moderne aufbereitet. Sie steht heute allerdings in einer Reihe mit zahlreichen anderen alternativen Methoden mit unterschiedlichen Namen und Ansätzen, die alle mehr oder weniger auf die Arbeiten von Wilhelm Reich zurückgreifen.

Eine wertvolle Essenz eines symbiotischen Body Readings findet sich in dem schon erwähnten Buch „Körperbewusstsein", da es einen umfassenden Bezug zur Anatomie behält. Auch wenn es seiner Diktion nach eher den mathematischen Vorgaben des Verstehens ähnelt, ermöglicht es durch sein tief liegendes und den Körper bewusst spürendes Vorgehen die ursprüngliche Form des Body Readings. Hier zählt die Möglichkeit des Empfindens und Erlebens.

Stellen Sie sich vor, Sie seien das Abbild eines 18 Monate alten Kindes, und begreifen Sie folgenden immer wiederkehrenden Ablauf: Sinneswahrnehmung, Spü-

**Abbildung 3-3:** Lächeln 1
(© Morsa Images, Getty Images)

**Abbildung 3-4:** Lächeln 2
(© Goodboy Picture Company, Getty Images)

ren, Erleben. Das Verstehen wird mühsam später aufgebaut. Und auch wenn es im Erwachsenenalter deutlich schneller abläuft, gilt innerhalb der Biologie folgende Regel: Mehr Verstehen durch Erleben.

Warum das Erleben so viel kraftvoller und bedeutender ist, sieht man auf den **Abbildungen 3-3** und **3-4**. Sie sehen zwar jeweils ein Lächeln respektive Lachen; aber mit ein wenig Übung können Sie die unterschiedlichen Ströme und Strukturen in diesen Körpern leibhaftig erleben.

### 3.2.3  Die Energie im Körper (Übung)

Stellen Sie sich die Körper dieser beiden Bilder als eiförmige Strukturen vor, auch wenn Sie diese nicht in ihrer Gesamtheit sehen können. Versuchen Sie von dieser einfachen Form ausgehend zu erspüren und zu erleben (so wie Sie es intuitiv am besten können), welche Wege innerhalb dieser eiförmigen Struktur das Lächeln dieser Menschen geht. Wo im Körper, in welchem Bereich entspringt das Lächeln, welche Bahnen zieht es bis hin zum Mund? Nutzen Sie Ihre visuellen Fähigkeiten, indem Sie so genau wie möglich schauen; nutzen Sie Ihre kinästhetischen Fähigkeiten und spüren Sie in den Körper des Anderen hinein; nutzen Sie Ihre mentalen Fähigkeiten, die Grundkenntnisse der Mimik und Gestik aus dem Bereich Körpersprache; führen Sie

alles in einer sachlichen Beschreibung zusammen und ordnen Sie diese Ihren Empfindungen und Gefühlen zu.

Nehmen Sie sich ein paar Minuten Zeit, um sich intensiv mit den Bildern, dem
Lächeln und der Herkunft des Lächelns auseinanderzusetzen. Welche Bereiche der
Körper sind am Lächeln beteiligt? Ist es die ganze Persönlichkeit und somit der
ganze Körper oder sind es nur bestimmte Körperregionen, die exklusiv oder besonders stark das Lächeln hervorrufen? Zur Vereinfachung sind hier die drei häufigsten
Erscheinungsformen vorgegeben: das Lächeln des ganzen Körpers, das Lächeln aus
dem Herzen, das Lächeln aus dem Kopf (**Abbildung 3-5**).

In der Realität gibt es auch andere Erscheinungen, bei der weitere Körperbereiche in das Lächeln mit einbezogen oder von ihm ausgeschlossen werden. Entscheidend für das Verständnis des inneren Erlebens des Anderen sind die Grenzlinien, die gezogen werden können. Ist das Lächeln dem Kopf entsprungen, von ihm aufgesetzt
(wie wir es häufig bei Politikern beobachten können), dann sind Herz und Bauch
nicht an diesem Lächeln beteiligt. Der Volksmund weiß darüber Bescheid und nennt
es ein aufgesetztes oder falsches Lächeln. Beim Body Reading belassen wir es bei
dieser einfachen Unterscheidung (falsches oder echtes Lächeln) aber nicht. Nicht
selten trifft man lächelnde Menschen, deren Fröhlichkeit dem Herzen entspringt,
die gleichwohl aber nur den oberen Rumpf und den Kopf mit in Aktion treten lässt.
Man sollte meinen, dass dieses Lächeln echt ist; schließlich kommt es aus dem Herzen. In solch einem Fall spricht nichts dagegen, ein derartiges Lächeln als herzlich zu
bezeichnen; aber der ganze Körper ist nicht beteiligt. Und dieser ganzkörperliche
Ausdruck ist die eherne Grundlage eines Gefühls, zu der die Freude, die sich in
einem Lächeln oder Lachen offenbart, gezählt werden darf. Diese Form des „Herz-
lächelns" kommt unter anderem bei Menschen mit spirituellem und zugleich aske-
tischem Hintergrund (Nonnen, Mönche etc.) vor. Das Lächeln entspringt dem Herzen; doch Bauch und besonders das Becken sind nicht in den Gefühlsausdruck mit
eingebunden, weil Empfindungen in diesen Körperbereichen im Rahmen der religiösen Verordnung nicht geduldet oder erlaubt sind. Ein solches Lächeln wird im
Gegensatz zu demjenigen, das dem Kopf entspringt, selten bewusst angesteuert. Es
ist vielmehr das Abbild der grundlegenden Energieverteilung im Körper, die sich
unbewusst im Rahmen der eigenen Biografie gebildet hat. Dasjenige Lächeln, das
wirklich als ausdrucksharmonisch gelten kann, ist das des ganzen Körpers. So wie es
jedes Kind bis zu einem gewissen Alter automatisch macht, wie man es auch als
Erwachsener jederzeit machen kann, so man sich denn eine vollkommene Ausdrucksharmonie für das Gefühl der Freude bewahrt hat.

*Analyse der Bilder*: Es gibt keine eindeutige Lösung, die alle Betrachter dieser
Bilder benennen. Gleichwohl gibt es eine eindeutige Tendenz. Die Person in Abbildung 3-3 nutzt den ganzen Körper als Ausdruck des Lächelns, das Lächeln in Abbildung 3-4 speist sich ausschließlich aus dem Kopfraum. Der Herz- und Bauchraum,

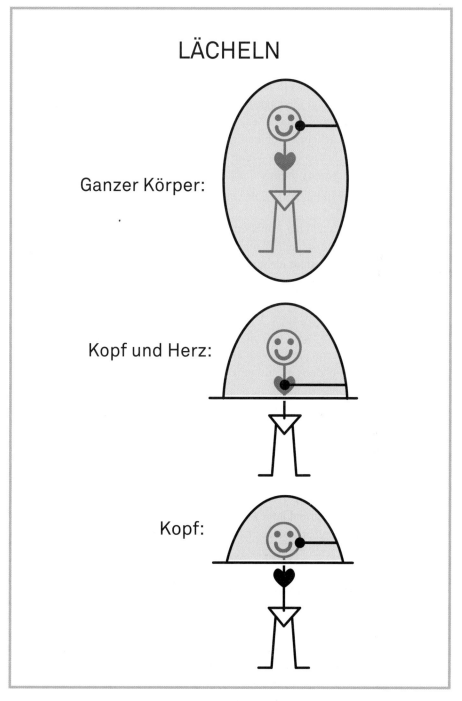

**Abbildung 3-5:** Lächeln ist nicht gleich Lächeln. Es gibt verschiedene Körperbereiche, die daran beteiligt sein können. (Zeichnung: grafikramer.de)

das Becken sowie die Beziehung zum Rest des Körpers (auch wenn wir manche Körperbereiche im Bild gar nicht sehen können, spüren wir sie im Body Reading dennoch) sind im Ausdruck auf eine gewisse Art und Weise entfremdet und stellen einen energetischen Schwachpunkt dar. Dadurch entsteht im Gesicht eine Starre, die sich gleichsam im Rest der Mimik offenbart, trotz der hoch gezogenen Mundwinkel. Die leicht gerunzelte Stirn und die angespannten Augen legen auch ohne tiefe Kenntnisse des Body Readings ein klares Zeugnis ab.

Ganz anders das Lächeln in Abbildung 3-4. Es ist voll umfänglich im ganzen Körper als Resonanz wahrzunehmen. Wenn Sie im Body Reading ein wenig geübter sind, oder wenn Sie bereits intuitiv diese Fähigkeiten mitbringen, werden Sie die Vibration und den Energiefluss, den das Lächeln im Körper auslöst, bis in die Zehen hinein spüren können.

Diese Deutungen sind eine Annäherung; die eigenen Beschreibungen sind von Mensch zu Mensch unterschiedlich und dürfen variieren. Beim Body Reading liegt die Achtung der Individualität nicht nur im Körper des zu Lesenden, sondern auch bei demjenigen, der liest. So werden Sie mit dieser Übung, ohne auf die *Vokabeln* der Fachliteratur zurückgreifen zu müssen, bestimmte Erkenntnisse über die Personen allein aus den Bildern gewinnen. Wenn Ihre Erkenntnisse sich mit denen vieler anderer Betrachter decken, fühlen Sie sich in Ihrer Fähigkeit des Body Readings bestätigt. Was aber, wenn Sie gänzlich andere Erfahrungen gemacht haben? Wenn Sie das Lächeln in Abbildung 3-3 als ganzkörperlich oder herzlich, in Abbildung 3-4 als aufgesetzt und kopfgesteuert wahrnehmen? Eine Erklärung könnte sein, dass es dem menschlichen Auge nicht anders geht als den Gewohnheiten. Es fällt schwer, die Maske der Glaubenssätze fallen zu lassen. So klassifizieren wir auch anhand äußerlich erkennbarer Merkmale, wie es um eine Persönlichkeit bestellt ist. Wer einen intensiven Bezug zu den äußerlichen Merkmalen (Schminke, Kleidung, Schmuck, Stil, etc.) auf Abbildung 3-3 hat, fühlt sich dieser Person näher und das kann die Wahrnehmung verzerren; gleiches gilt für Abbildung 3-4, wenn man bestimmten Menschen aufgrund ihrer Erscheinungsform oder ihrer Hautfarbe gegenüber skeptisch oder vorsichtig eingestellt ist. Auch diese Vorannahmen sind Teil des Body Readings, wahrscheinlich sogar derjenige Teil, den wir im Alltag am häufigsten anwenden. Wir sehen die Kleidung, die Frisur, das äußere Statement und schon haben wir Assoziationen im Kopf oder auch im Herz oder Bauch. Doch erst wenn diese Idee, dieses Gefühl oder dieses Gespür im ganzen Körper eine Bestätigung erfährt, erleben wir das Gegenüber wirklich. Gleiches gilt, wenn sich unser erster Blick als Fehleinschätzung entpuppt und wir auf einer tieferen Ebene ganz neue oder andere Dinge entdecken. Nicht die Vorannahme, sondern die erlebte körperliche Resonanz ist im Body Reading das entscheidende Kriterium.

## 3.3  Warum das Erleben so wichtig ist

Der Mensch ist ein kooperatives Wesen und die Größe seines Gehirns ist ausgerichtet auf das soziale Verhalten. Diese Grundlage des komplexen Nervensystems wird selten erwähnt. Viele orientieren sich an den wissenschaftlichen Ideen der ersten Hälfte des 20. Jahrhunderts, als man glaubte, dass das Denken vor allem für Werkzeug- und Maschinenherstellung notwendig ist; manche orientieren sich noch an den Ideen der frühen Neuzeit, als man glaubte, dass das Denken die Überlegenheit der menschlichen Art repräsentiere. Letzteres ist biologisch nicht haltbar, die Notwendigkeit, Werkzeuge und Maschinen herzustellen hingegen unabdingbar. Allein dafür wäre diese Gehirngröße aber nicht notwendig.

Von allen bekannten Tieren ist der Mensch das komplizierteste Wesen, was seine sozialen Bedingungen angeht. Wann haben Sie sich in den letzten Monaten aufgeregt, und was hat Sie in Rage oder um den Verstand gebracht, was hat Sie bedroht, verletzt, in Erregung versetzt? Fragte man einen Käfer, eine Bachstelze, einen Frosch oder ein Reh, was sie in den letzten Monaten in Aufregung versetzt hat, würden sie nicht antworten: meine Artgenossen. Sondern: andere Tiere, aus anderen Ordnungen und Familien. Und obendrein die alltäglichen Naturgewalten, auf die Käfer, Bachstelze, Frosch und Reh eine entsprechende Reaktion zeigen müssen. Einzig die typischen Balzmuster vieler Tierarten, in denen innergeschlechtliche Kämpfe eine wichtige Rolle spielen, sind dem Muster der sozialen Aufregung zuzuordnen

Die Bedrohung durch andere Tiere und die Gefahr der natürlichen Gewalten hat der Mensch in den letzten Jahrhunderten stark reduzieren können; die soziale Neurobiologie aber ist schwer in den Griff zu bekommen. Sie ist derart komplex, dass sie nicht wie in manch anderen Nervenregionen auf vorgefertigte Strukturen zurückgreifen kann, sondern sich beständig selbst generieren muss. Das wird auch bei anderen Primaten ersichtlich, wo Charakter und Flexibilität eine große Rolle spielen. Die Rangordnung, die Position des eigenen Ichs in der Gesellschaft und der sensomotorische und kommunikative Umgang mit den Artgenossen sind komplizierte Herausforderungen, beinhalten aber immer auch lohnenden Austausch und biologisch notwendige Kooperation. Diese spezielle und komplexe Interaktion ist der besonders entwickelte Teil der menschlichen Art. Ohne die anderen werden wir nicht zu denen, die wir sind.

Die sensorische Aufmerksamkeit spielt beim Umgang mit den Artgenossen die größte Rolle. Alle wichtigen zu erlernenden Fertigkeiten sind angelegt; aber wenn es niemanden gibt, der sie vormacht und vorlebt, wird man es nicht von selbst lernen können. Wer niemanden hört, wird nicht sprechen, wer niemanden gehen sieht, wird nicht gehen können. Der deutsche Neurobiologe Joachim Bauer (2005) hat dieser Fähigkeit den Begriff der Spiegelneurone auferlegt. Sie dienen der unerlässlichen Anschauung, dem Prinzip „Beobachte und ahme nach". Es geht um ein Spiegeln im eigenen Körper, um die Wiedergabe des Anderen in mir. In den Untersuchungen Joachim Bauers belegen motorische, kommunikative und emotionale Verhaltensmuster den Ablauf speziell erlernter Routinen mit Hilfe der Spiegelneurone. Sie als solche zu bezeichnen oder im Körper an bestimmten dafür zugewiesenen Stellen zu verorten, ist im Body Reading nicht notwendig. Hier spiegeln wir nämlich nicht nur die Neuronen, sondern das Erleben des Anderen.

### 3.3.1  Die Organisation des Nervensystems

In der wissenschaftlichen Betrachtung werden Nervenzellen als eine Art Speicher oder Resonanzorgan für die Spiegelung anderer Körper in Betracht gezogen. Ein naheliegender Ansatz, denn die ersten Ausprägungen des menschlichen Körpers nach der Befruchtung der Eizelle sind neuronaler Natur. Das heißt: Body Reading kann man besonders gut über das Nervensystem begreifen lernen.

Schauen Sie sich die beiden Bildern an, die beide mit Nervensystem überschrieben werden können (**Abbildung 3-6** und **Abbildung 3-7**). Was erkennen Sie auf dem Bild, wo das Nervensystem tatsächlich abgebildet ist? Was auf dem anderen? Und warum stehen sie nebeneinander? Nehmen Sie sich mindestens eine Minute Zeit, um sich dieser beiden Bilder gegenwärtig zu werden.

Der Ursprung des menschlichen Nervensystems liegt im unteren Rücken und diese Macht an neuronaler Aktivität ist bis zum Lebensende dort sichtbar und spürbar. In den ersten Tagen des Lebens entsteht das sogenannte Neuralrohr, aus denen das Rückenmark und die zentrale Achse des Menschen hervorgehen. Es ist die Basis des Nervensystems, auf dem die höheren Strukturen aufbauen. Das am spätesten im Embryo entwickelte Organ wird ebenfalls in dem Bild ersichtlich. Ein Zusatz- oder Hilfsprodukt des gesamten Systems: das Gehirn. Ähnlich wie in der Embryonalentwicklung wird es auch im weiteren Verlauf des Lebens als letztes integriert.

In den ersten drei Lebensjahren entwickeln sich das Stehen, Gehen und Sprechen. Diese Urfertigkeiten werden ohne gedankliche Hilfe oder besser: Störungen erlernt. Im weiteren Verlauf der Entwicklung kann das Großhirn dann eine biologisch fragwürdige Rolle spielen: die des Herrschers. Fragwürdig, weil es dafür keine körperlichen Belege gibt, wie man bei sich selbst schnell feststellen kann. Egal, ob Sie ausgeglichen, entspannt, motiviert, zufrieden oder wütend sind: erleben Sie diese Zustände als ausschließlich oder primär von Ihrem Gehirn gesteuert? Außerdem gibt es doch andere Regionen, die deutlich dominanter zu sein scheinen. Warum wird die Bauchgegend in so vielen Kulturen, medizinischen Systemen, ja selbst im Volksmund als so bedeutend angesehen? Der untere Rumpf, das Hara, das Bauchgehirn oder die Schmetterlinge im Bauch sind beschriebene Empfindungen,

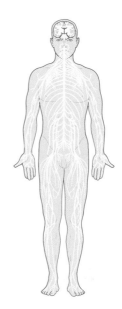

**Abbildung 3-6:**
Teppichmuster der Navajo-Indianer
(Zeichnung: zVg.)

**Abbildung 3-7:**
Grundstruktur des menschlichen Nervensystems (Zeichnung: grafikramer.de)

die erlebt und verstanden wurden. Sie sind keine ungewöhnlichen Erscheinungen, sondern die persönliche Bestätigung der biologisch-neuronalen Voraussetzungen.

Das Teppichmuster der Navajo-Indianer repräsentiert auf einfache Weise das Prinzip der menschlichen Nervenstruktur. Von unten nach oben mit dem Zentrum in der Mitte. Die Peripherie des Nervensystems breitet sich hernach zu den Seiten aus, paritätisch in eine linke und rechte Seite. Mit diesen Basisprinzipien arbeitet Body Reading. Dabei hängt es von der persönlichen Neigung ab, der bevorzugten Wahrnehmungsqualität, wie der Körper des Anderen erfahren wird – das ursprüngliche Nervenzentrum im unteren Rücken dient als erster Ratgeber. Mit Hilfe der Vokabeln, der Demaskierung, werden ihre ersten Eindrücke später vielleicht unterstützend beraten. Das Verstehen kann das Erleben ergänzen, aber nicht ersetzen. Das Gehirn ist nicht der Meister, sondern der Diener.

## 3.4  Spiegeln

Um das Empfinden, Denken und Fühlen des Anderen im eigenen Körper zu erleben, bedarf es des Spiegelns. Diese intensive Möglichkeit, ein ganzkörperliches Erleben, wird in der nächsten Übung elementar erfahrbar gemacht. Das Spiegeln im Stehen ist die Kernkompetenz, auf die wir später genauer schauen wollen; das Spiegeln des Gehens ist für die erste Erfahrung wesentlich geeigneter, denn es die erste bedeutende komplexe, motorische Fertigkeit des Aufgerichtetseins, die der Mensch in seinem ersten Lebensjahr erlernt.

Der Mensch ist – biologisch gesprochen – ein Fußgänger und erst dadurch ist er befähigt, zu begreifen, zu denken und zu korrigieren. Das Kind, welches das Gehen lernt, folgt automatisch den ökonomischen Prinzipien der Welt, indem es das Gehen – wenn es dieses in den nächsten Jahren perfektioniert – so mühelos wie möglich erscheinen lässt. Die Kraft des Ganges generiert sich dabei aus sich selbst heraus. Man kann es mit einem Perpetuum mobile vergleichen, was sich in Schwung und Gegenschwung ausdrückt und schön anzuschauen ist. Es besticht durch eine klare und gerade Ausrichtung, die Aufrechterhaltung des Rumpfes und richtungsbestimmendes Handeln. Selbst das vermeintlich gelangweilte Schlendern, auch das eilige Huschen im Spiel, und das trotzige langsame Vorwärtsstampfen sind trotz ihrer Abweichung vom normalen Gehen im frühen Kindheitsstadium Wunder an ökonomischer Effizienz und biologischer Forstbewegungskunst. Wohin und in welchem Modus sie sich auch bewegen: vor allem kleine Kinder bleiben von ihrem Kern ausgehend harmonisch. Dies kann auch beim Erwachsenen noch der Fall sein, ist aber eher die Ausnahme denn die Regel. Was auch immer sie beim Spiegeln erleben werden, ob Harmonie oder Disharmonie im Körper, oder etwas ganz anderes – das Gehen bietet Ihnen viele Möglichkeiten, den Anderen und seinen Körper intensiv nachzuempfinden.


### 3.4.1  Das Gehen spiegeln (Übung)

Bitten Sie einen Partner um die Mitarbeit bei dieser Übung; im späteren Verlauf können sie auch jede andere gehende Personen auf der Straße für diese Übung nutzen. Bevor Sie Ihrem Partner nun so exakt wie möglich in dessen Gangbild nachgehen, schauen Sie der Person beim Gehen aufmerksam zu. Richten Sie dabei ihren Blick als Erstes auf die Füße. Betrachten Sie den Abstand der Füße zueinander, die Länge der Schritte, die Ausrichtung der Füße und das Abrollverhalten. Lauschen Sie dem Aufprall des Schrittes, erfahren Sie den Rhythmus und das Tempo des Ganges, spüren Sie die Festigkeit, die Absicht oder das Ziel in diesen Füßen. Nutzen Sie alle Ihre sinnlichen, mentalen, physiologischen und emotionalen Fähigkeiten, um so viele Information wie möglich aus den Füßen zu gewinnen. Sie sind ebenso wie das Becken, der Brustkorb, die Arme, der Kopf oder die Augen besonders häufige und markante Leuchter in den Körpern der Anderen. Das heißt aber nicht, dass diese Regionen immer die entscheidenden Merkmale der Persönlichkeit darstellen. Diese sind unbedingt individuell aufzuspüren, und im Einzelfall können genauso gut der

Bauchraum, die Unterschenkel, die Ellenbogen oder die Positionierung des Kinns wichtige Anhaltspunkte liefern.

Gleichwohl ist es zu Beginn hilfreich, die Grundlagen zu erlernen und auch ohne das Wissen um die Eigenheiten der Persönlichkeit die wichtigsten Strukturen zu erleben. Da die Füße anatomisch eine tragende Rolle spielen, studieren Sie ebenfalls Becken, Brustkorb und Arme, da diese Strukturen biomechanisch auf jeden Schritt antworten, allerdings mit individueller Nuancierung. Wie nehmen Sie die Arme wahr? Wie weit reicht der Schwung beim Gehen, wie stark ist dessen Intensität? Oder ist überhaupt kein Schwung vorhanden? Nicht selten kommt es vor, dass Menschen einen Arm fast leblos am Körper hängen haben, während der andere Arm mehr oder weniger natürlich mitschwingt. Das sind klar erkennbare und leicht zu deutende Schlüsselstellen. Um das Deuten geht es hier aber noch nicht, sondern zunächst nur um das Wiedergeben dessen, was Sie wahrnehmen. Schauen Sie als nächstes auf den Schultergürtel. Ist der Gegenschwung im Rumpf, der auf das Becken folgt, in Schlüsselbeinen und Brustbein zu erkennen? Lebt und bewegt sich der Oberkörper? Wenn ja, wie viel, und wenn nein, wo hält er fest? Wie viel Rotation in der Wirbelsäule können sie entdecken?

Sie werden feststellen, dass es unerheblich ist, ob Sie vielleicht ähnliche Bewegungsmuster in Ihrem Gangbild ausführen, ob Ihre Füße ähnlich ausgerichtet sind und Ihre Arme ähnlich schwach oder gar nicht mitschwingen: In seiner Gesamtheit ist dieses Wesen wie auch dessen Gangbild Ihrem unterschiedlich. Richten Sie danach den Blick auf den Kopf und dort vor allen Dingen auf die Bewegungen der Augen. Diese können ruhig, starr, weich, offen oder hektisch suchend sein. Sie können sich senken, erheben, fixieren oder in Unruhe sein. Auch dieses in der Regel einzigartige Muster des Anderen versuchen Sie, so gut es geht, zu übernehmen.

Abschließend blicken Sie noch einmal auf den ganzen Körper und übernehmen eventuelle Auffälligkeiten oder Besonderheiten: Sind die Finger eingekrümmt, fallen ein oder zwei Knie nach außen oder innen, wird der Mund bewegt oder zu einer besonderen Grimasse verzogen? Was Sie sehen können, spiegeln Sie. Stellen Sie dann Ihren eigenen Körper wie bei einer Marionette, die Sie entsprechend in Position bringen, auf das Gegenüber ein – und gehen in einem Abstand von ein oder zwei Metern Ihrem Partner wie ein Schatten hinterher. Das Gangbild sollte dem zu Spiegelnden so ähnlich sein, dass eine dritte Person, die wiederum hinter Ihnen hergehen würde, zu dem gleichen Ergebnis käme. Bei einer Gruppenübung ist es möglich, dass auch der hinterste Nachgeher noch vollkommen von der Spiegelung seiner Vorderleute profitieren und den Vorgeher exakt nachahmen kann, ohne ihn direkt sehen zu können.

Nehmen Sie sich einige Minuten des gespiegelten Gehens Zeit, und nehmen Sie nach und nach die sich daraus resultierenden körperlichen, mentalen oder emotionalen Eindrücke wahr. Nehmen Sie wahr, was Sie jetzt belastet, und was Sie befreit, wo es sich in dem anderen Körper schwer, wo es sich leicht anfühlt, wo wenig und wo viel Energie zirkuliert, wo es schmerzt und wo es zieht oder drückt. Je nach Ihrer Absicht und Voraussetzung nehmen Sie wahr, ob der Mensch möglicherweise traurig oder glücklich ist, welche Bedürfnisse er hat, welche Sorgen ihn umtreiben, welchen Gedanken er nachhängt. Egal wie viel und was Sie wahrnehmen: Nehmen Sie sich anschließend Zeit füreinander und besprechen Sie die Erkenntnisse, sofern es sich um ein freiwilliges Miteinander und Projekt gehandelt hat.

Wenn Sie die Möglichkeit haben, sollten Sie unbedingt den Partner das Gleiche mit Ihrem eigenen Gang tun lassen und ebenfalls anschließend darüber mit ihm ausgiebig sprechen. Je öfter Sie dies tun, umso mehr werden Sie das Spiegeln beherrschen und das Lesen verfeinern; und umso mehr werden Sie für sich selber erkennen, welche spezifischen Grundmuster Ihnen zu eigen sind, da sie von vielen Ihrer Partner gespiegelt wurden und entsprechende Rückmeldungen bekommen haben.

Das Gehen ist die leichteste und im Alltag häufigste Möglichkeit, um das Body Reading zu üben. Auch wenn Sie anfänglich schnelle Fortschritte machen und positive Bestätigung erhalten, ist es empfehlenswert, diese leibliche Erfahrung ausgiebig zu wiederholen. Sie ist durch das genaue Beobachten und Wiedergeben des Anderen ein unschätzbarer Gewinn. Nutzen Sie diese Möglichkeit so oft es geht und lassen Sie sich nicht von Ihrem Verstand dazwischenfunken, der Ihnen eventuell einreden könnte: das kannst Du schon sehr gut; Du siehst auch schon so, was in dem Anderen vorgeht. Egal, welche Botschaft der Verstand Ihnen vermittelt – dass er überhaupt meint, die Fähigkeit des Body Readings kommentieren oder gar bewerten zu müssen, entspricht nicht der natürlichen Vorgabe. Genauso wie ein Buch mit dem Titel „Body Reading", welches mit Wörtern vom Verstand geschrieben wird. Warum also ist so etwas überhaupt notwendig? Man muss doch auch keinem beibringen, wie man isst, wie man mit seinem Körper haushält, wie man den eigenen biologischen Prinzipien folgt. Oder doch?

## 3.5 Geschichte des Body Readings

### 3.5.1 Der Verlust

Erzählt man die Geschichte des Body Readings, muss ein einschneidendes Erlebnis der europäischen Kulturgeschichte genannt werden, das unabdingbar mit dem Verlust der Wahrnehmung und des natürlichen Body Readings verbunden ist: das geistige Aufbegehren des Rationalismus. Wir benutzen, abseits der wissenschaftlichen Forschung, für unsere Untersuchung den Begriff Rationalismus redundant: als gesellschaftliche Vorgabe, ausschließlich rationale, logische und messbare Erfahrungen als Kanon in der Gemeinschaft zu akzeptieren.

Der Glaube an das Motto: „Ich denke, also bin ich", ist eine biologisch unsinnige Beschreibung, hat aber im Rahmen der Aufklärung eine überragende Bedeutung gewonnen. Zusammen mit den massiven Veränderungen der materiellen Umwelt und der menschlichen Lebensgewohnheiten hat dies zu einem vermeintlich sicheren, die Natur soweit es geht im Griff zu habenden Dasein geführt.

Wenn Schlagwörter wie „Körper, Geist und Seele" populär sind, dann ist die Entfremdung dieser Einheit groß. Die Rückbesinnung zu einer umfassenden Betrachtung, wie sie momentan grassiert, ist zwar notwendig, aber häufig nur mentaler Natur: Es fehlt in der Regel die leibliche Machtfülle, mit der man diese Schlagwörter auch untermauern würde. Die konsequente Umsetzung eines ganzheitlichen Körperbildes ist nicht vorhanden, wenn sie auch in Momenten des Burnouts oder chronischer immunologischer Probleme aus psychosomatischer Sicht bisweilen in Betracht gezogen wird; was aber ist in den Momenten der Gallen- und Nierensteine, der bakteriellen Erkrankung oder des Schädeltraumas nach einem Auffahrunfall? Sind wir dann auch bereit, die Entsprechungsprinzipien anzuwenden und die Botschaft mit Hilfe des Körpers zu deuten?

Bevor Denker wie Rene Descartes über die Vormachtstellung des Verstandes zu meditieren begannen, kannte die menschliche Welt sehr wohl verschiedene Bereiche wie Körper, Geist oder Seele; eine Trennung in einem leiblichen Sinne war aber nicht möglich – weil sie nicht erfahrbar war.

Dieser schmerzhafte Schnitt in der Geistesgeschichte zog den Körper in Mitleidenschaft; und bereits gegen Ende des 19. Jahrhundert gab es zahlreiche Bestrebungen gegen das daraus resultierende Verhalten. Menschen, die den Verlust der Körperwahrnehmung anprangerten und die das Motto: „Zurück zur Natur", als Gegenmittel priesen. Allein: Es handelte sich um Aufrufe einzelner Idealisten, denen die Kultur nicht folgen mochte. Aktuell scheint die Abspaltung größer zu werden, betrachtet man die kleinen, (mit der Hand zu steuernden) portablen Minicomputer, die schon Kinder mit sich herumführen, und die viele Funktionen übernehmen, die früher physiologisch und sensorisch, also durch eigenes körperliches *Hand*eln bewerkstelligt werden mussten.

So haben wir seit mehr als einem Jahrhundert Bestrebungen der Bewegungspädagogik, der Körpertherapie, der Psychologie oder der Philosophie, die sich darum bemühen, die Entartung des Körpers wieder rückgängig zu machen. Unterschiede gibt es im Vergleich von früher zu heute dabei erstaunlicherweise recht wenige. Wie man seine Ernährung und sein Bewegungsverhalten gesundheitsbewusst umstellt, wie man mit dem Stress der modernen Verkehrs- und Berufswelt umzugehen hat, was Pazifisten kriegerischen Fanatikern entgegen zu setzen haben, wie Pflanzen und Tiere artgerecht behandelt werden sollten: all das sind keine Entdeckungen unserer Zeit, sondern Traditionen des späten 19. Jahrhunderts. Sie erscheinen nur deswegen so aktuell, weil die stetige Auseinandersetzung damit zu keinem Ergebnis geführt hat. Versucht man es auf eine mental dogmatische Art und Weise (verhalte dich so und so nach den Regeln des Mediziners XY, dann wirst du so und so gesund), kann dies zu keinem dauerhaften Erfolg führen. Betrachtet man den Körper als eine Maschine, dann glaubt man zu wissen, wie er funktionieren soll und wann die Maschine zu ölen und zu polieren ist und wann sie in die Inspektion geschickt werden muss. Auch wenn manche Dinge noch selbst verrichtet werden: Die Verantwortung und Hoheit über das Wissen dieser Körpermaschine hat man den jeweiligen Experten zu überlassen: den Mechanikern, den Klempnern und den Inspektoren (den Ärzten, Physiotherapeuten, Professoren etc.). Was verloren geht, ist offensichtlich: die Körperintuition, das grundlegende Gefühl, Stimmigkeit im eigenen Körper zu erleben.

Das durchdringende Erfolgsgeheimnis dieses mechanischen Körperglaubens ist die Entwicklung der modernen (Schul-)Medizin, die sich in ihren Grundzügen auf das Standardwerk des deutschen Physiologen Rudolf Virchow beruft. Diese *Bibel der Moderne* stammt aus dem Jahr 1858 und heißt unspektakulär „Zellularpathologie". Die Wirkung ist hingegen über alle Maßen spektakulär: sie beschreibt die Grundzüge eines rationalen und mechanischen Denkens anhand der Hoheit biochemisch messbarer Faktoren. Dieses Prinzip gilt ausnahmslos in der modernen Medizin – ansonsten hat sie sich Alternativmedizin zu nennen. Dieser Ausschluss allen Anderens sollte durchaus religiös verstanden werden. Der berühmte Ausdruck vom „Priester im weißen Kittel" weist bereits auf diesen Zusammenhang hin; und reicht längst nicht aus, um die tatsächlich vorherrschende Manifestation der medizinisch-akademischen Glaubenssätze zu beschreiben.

Aus Sicht der Medizingeschichte ist die „Schul-Medizin" eine spezielle Art, das Heilsein und Heilwerden, die Medizin, biochemisch zu begreifen. Dieser Diktion folgt auch die Homöopathie, nur dass sie ein paar Jahrzehnte älter ist als die Schul-Medizin und einen gegenteiligen Heilgedanken verfolgt. Sie ist *anders* biochemisch ausgerichtet, genauso wie viele alternative Ernährungsformen und -trends, die sich ausschließlich an den Zahlen und Verhältnissen der messbaren Biochemie orientieren. Die Biochemie ist nur eine von mehreren grundlegenden Gattungen medizinischen Denkens, in denen es wiederum unzählige spezielle Arten und Betrachtungen gibt. Besonders bedeutend sind neben der Biochemie die medizinischen Systeme der Biomechanik (Osteopathie, Chiropraktik, Körpertherapie u.v.m.), der Sensomotorik (Massage, Farb- und Aromatherapie, Wasser- und Lichtkur, Erlebnispädagogik, Psychomotorik u.v.m.), der Mentalität (Motivations- und Mentaltraining, Kommunikations- und Gesprächstherapie u.v.m.), der Emotionalität (Gestalttherapie, Tiefenpsychologie, Tanz, Rituale der Vergebung, des Dankes, des Abschiedes u.v.m.), der Naturphilosophie (TCM, Ayurveda, Tibetische Medizin, Humoralpathologie – der indirekte Vorläufer der Schul-Medizin –, Astrologische Medizin u.v.m.) sowie der Parapsychologie, in denen übersinnliche, nicht direkt wahrnehmbare Phänomene das medizinische Denken ausmachen (Schamanismus, Voodoo, Spiritismus u.v.m.). Manche der Arten haben eine lange Tradition (TCM), manche eine kurze (Atme nach Dr. X, Esse nach Dr. Y); manche sind komplex (Ayurveda), manche sind einfach (Bachblüten); manche sind naheliegend (Massage), manche sind hintergründig (Körperastrologie); und manche denken allopathisch biochemisch wie die Schüssler-Salz-Therapie oder die Schul-Medizin. Alle Systeme gemein ist, dass sie Vor- und Nachteile bergen, eine Geschichte besitzen und einen individuellen Erklärungsansatz verfolgen, der in sich schlüssig ist – und: dass der Mensch sich entscheiden kann, welche Art oder Arten in Kombination er zu wählen gedenkt. Das gleiche Prinzip findet im religiösen Glaubensbekenntnis – der Medizin in ihrem Ursprung nah verwandt – statt. Auch hier hat der Mensch die Wahl, wie er das Göttliche, das Heilige, das Unendliche begreifen möchte. Wird diese Wahl eingeschränkt, entsteht der Glaube an etwas Einzigartiges. An etwas, das die unzähligen Möglichkeiten negiert, wie man als Einzelner das Religiöse, das Numinose erleben, ausdrücken oder benennen möchte.

Stellen Sie sich vor, Sie diskutieren mit einer Gruppe über die Bedeutung verschiedener medizinischer Systeme. Es fallen Begriffe wie Homöopathie, TCM, Bachblüten oder Holotropes Atmen. Immer wieder hört man hier und da die Aussage: „Daran glaube ich nicht. Das ist doch Nonsens!" Während andere verhalten, manche bestimmt für ein System argumentieren, erlaubt sich der ein oder andere, es abschätzig als Nonsens zu titulieren. Können Sie sich vorstellen, dass Sie, wenn es plötzlich auf die Schul-Medizin zu sprechen kommt, lapidar: „Das ist doch Nonsens!" einwerfen, und dabei mitleidig lächeln? Konnte man sich vor vierhundert Jahren in Europa erlauben, das Göttliche anders zu benennen? In beiden Fällen handelt es sich lediglich um systembedingte Glaubenssätze. In beiden Fällen aber hat sich eine mentale Diktatur im Kanon der Gesellschaft über das eigentliche Maß hinaus aufgeschwungen und die Wahlfreiheit des Menschen verformt, bisweilen sogar ausgelöscht.

Für diese religiöse Form des medizinischen Gedankengutes hat nicht nur Virchows *Bibel* gesorgt, sondern die ihm zur Seite stehende politische und akademische Elite, so dass man im historischen Fachjargon dem 19. Jahrhundert folgendes Motto zuschreiben kann: „Die Verwandlung der Welt" (Osterhammel, 2009). Eine entzauberte, durchdachte und erklärbare Welt mit einem entzauberten, erklärbarem biochemischen Körper. Wissenschaftler präsentieren seitdem vermeintlich neue Theorien, die häufig Uraltes wiederkäuen. Der berühmte Biologe Charles Darwin kann in dieser Hinsicht als einer der Urväter der Körpersprache gelten, denn sein 1872 erschienenes Buch „The expression of the emotions in man and animals" (Darwin, 2000) ist eine erste Annäherung an das Phänomen Body Reading. Darin betrachtet er den Menschen als Teil der Zoologie, der, wie alle anderen Tiere auch, einen artspezifischen Körperausdruck zeigt. Das Lächeln, das Geben der Hände, das Schütteln des Kopfes sind einige der ersten körpersprachlichen Merkmale, die Darwin in seinem Buch untersucht – wenn dieses Prozedere darin auch nicht so genannt wurde, sondern strenge biologische Parameter bei seiner Untersuchung im Vordergrund standen.

Aus diesem Grund haben Verhaltens- und Entwicklungsbiologen ebenso wie Psychologen diese Merkmale im Verlauf des 20. Jahrhunderts weiterverfolgt. Mimik und Gestik werden seitdem grob unter dem Schlagwort Körpersprache untersucht und der Nutzen hierbei ist in den meisten Fällen oberflächlicher, wachstumsorientierter Natur. So wird die Körpersprache benutzt, um seine Arbeitseffektivität als Dienstleister oder Personalleiter zu erhöhen, um seine Kommunikation zu verbessern und um allgemein sein Auftreten zu verfeinern. Dabei wird in der einschlägigen Populärliteratur der Körper häufig ausschließlich gelesen und verstanden. Welche Geste hat welche Bedeutung und bringt mich welchem Ziel näher. Auffällig ist: Körpersprache wird als Aspekt der Kommunikation angesehen. Das mag auf den ersten Blick sinnvoll erscheinen, bei genauerem Hinsehen aber fällt das Fehlen der eigenen Empfindung und des eigenen Erlebens doppelt ins Gewicht. Denn: Wie soll ich meine eigene Mimik und Gestik nutzen und die anderer Menschen als Kommunikationssignale deuten, wenn ich nicht die dafür ursächlichen Gefühle und deren Blockaden als Grundlage erfahren darf? Bevor also die Körpersprache kommuniziert, braucht es ein Gefühl, das in Resonanz mit diesem Ausdruck steht, ja das diesen Ausdruck überhaupt erst ermöglicht.

Die überragende Bedeutung der Sprache als wichtigstem Helfer des Verstandes ist die Ursache für dieses einseitige Verständnis. Evolutionsbiologisch ist offensichtlich, dass die nonverbale Kommunikation hunderte Millionen Jahre älter ist als die verbale Kommunikation. So sollte die Fachliteratur zum Thema Körpersprache deutlich mehr Inhalte produzieren, die sich der nonverbalen Kommunikation annehmen, als diejenigen, bei denen Rhetorik, Modulation, ganz allgemein verbale Kommunikationsmethoden im Vordergrund stehen. Das Gegenteil ist aber der Fall, und das, obwohl besonders eine Studie die grundlegende Richtung dokumentiert.

### 3.5.2  Die Mehrabian-Studie

Vorab eine allgemeine Bemerkung zum Thema Studien. Der geläufige Scherz: „Traue keiner Studie, die du nicht selbst gefälscht hast", beinhaltet eine erkenntnistheoretische Tatsache. Denn nicht nur in den Geistes-, sondern auch in den Naturwissenschaften weiß man spätestens seit Heisenbergs Unschärferelation oder Schrödingers Katze, dass jedwede Form der Erkenntnis eine subjektive bleibt; egal, ob es sich dabei um vermeintlich historische oder physikalische Tatsachen handelt. Gleichwohl ist nichts dagegen einzuwenden, Studien, deren Ergebnisse sich bei einer wiederholten Anwendung gleichen, als Annäherung an ein offensichtliches

Phänomen zu verstehen. Dass Menschen im Durchschnitt so und so alt werden oder um die und die Uhrzeit dieses oder jenes Fernsehprogramm einschalten, kann man leicht messen und als durchschnittliche Annäherung auch so postulieren. Deutlich schwieriger ist dies, wenn biochemische Prozesse untersucht werden, bei denen eine spezifische Stimulation Auswirkungen auf den Haushalt des Körper haben soll. Gerade in den Bereichen Medizin und Ernährung gibt es viele Studien, die daher mit Vorsicht zu genießen sind, ganz besonders, wenn Sie an bestimmte Produkte oder Verhaltensweisen gebunden sind. Derlei Effekte kann man nicht allgemein verbindlich formulieren, oder anders gesagt: wenn Verhalten X und Produkt Y wirklich diese sensationellen Auswirkungen hätten, sollten ja nach und nach alle Menschen davon profitieren. Häufig verkennt man in diesen Studien die individuelle Konstitution, und ist anschließend verwundert, dass nur ein Teil der Bevölkerung tatsächlich mit den Ergebnissen dieser Untersuchung etwas anfangen und sie für die eigene Entwicklung nutzen kann.

Die folgende Studie hingegen (Mehrabian, 1971) gehört zu der Gruppe, bei der allgemein verbindliche Aussagen im Rahmen einer Annäherung getroffen werden können. Die Studie ist demnach eine anthropologische Konstante, eine der Logik des Lebens folgende, schlüssige Formulierung. Da diese Studie in Fachkreisen auch häufig als reine Zahlenkombination (55-38-7) formuliert wird, ist es wichtig hinzuzufügen, dass gerade diese mathematische Absolutheit nur ein Sinnbild, ein bezifferter Gedankenstrich ist, der auf die ungefähre Verteilung hinweisen will. Entscheidend ist die deutlich hervorgehobene Rangordnung dreier spezifischer Möglichkeiten menschlichen Ausdrucks.

Es wundert nicht, dass viele, vor allen Dingen gelehrte Menschen, bei dieser Studie versuchen, sie in die zweite Kategorie einzuordnen, sie somit als zufällig oder nicht typgerecht anzusehen; denn die Macht der Wörter und des Verstandes werden durch diese Studie eindrucksvoll beschnitten. Wie Albert Mehrabian, nach dem diese Studie benannt worden ist, zeigt, sind Wörter nur in kleinem Maß (7%) dafür notwendig, um das Gegenüber zu verstehen. Viel wichtiger sind die Modulation der Stimme (38%) und vor allen Dingen die Sprache des Körpers (55%). Die hochgezogenen Schultern, die Kieferspannung, die zusammengezogenen Augenbrauen, die Mundwinkelposition oder Stellung und Rotation von Händen und Füßen. Genau das haben wir im ersten Lebensjahr gelernt – und nicht vergessen.

Im zweiten Lebensjahr haben wir darüber hinaus begriffen, wie wir mit unserer Stimme Emotionen ausdrücken können, wie wir modulieren können. Dem Schmerz und der Freude Ausdruck verleihen, auch mit einfachen und klaren Wörtern, um dann diese je nach Intensität fein zu changieren und, im weiteren Verlauf der Entwicklung, sie je nach Gegenüber besonders eindringlich darzustellen. Erst ab dem dritten Lebensjahr beginnen Menschen dann langsam, die mannigfaltigen Variationen dieser Wörter in eine komplexe Kommunikation einzupflegen.

Bevor man die Ergebnisse der Studie überinterpretiert: sie ist vor allen Dingen dann angezeigt, wenn in der Kommunikation eine Diskrepanz zwischen Inhalt und Körpersignalen besteht; wenn also die Ausdrucksharmonie gestört ist. Der Klassiker ist, auf die Frage: „Wie geht es Dir?", mit „Gut" zu antworten, kombiniert mit Schwere oder Trauer in der Stimme und einem leicht gequälten Gesichtsausdruck. An dieser Stelle denkt der Empfänger in den seltensten Fällen: Hier sind ja Inhalt und Ausdruck entgegengesetzt. Was meint das Gegenüber wohl wirklich? Sondern er weiß: Die Körpersprache und die Modulation der Stimme geben mir die richtige Auskunft. Dieses Wissen ist kein rationales Wissen. Er begreift diesen disharmonischen Ausdruck nicht im Kopf, sondern im eigenen Körper. In diesem spürt man das Gegenüber, und bringt dann das Erleben für sich und das Gegenüber in eine verständliche Form und fragt dementsprechend: „Fehlt dir was?"

## 3.6   Der umfassende Körper

### 3.6.1   Der Körper folgt Empfindungen, Gefühlen und Gedanken

Die Mehrabian-Studie belegt, was die Natur offenbart: es gibt keine kommunikative Grundlage ohne den Körper. Begriffsanordnungen wie Körper und Geist oder Körper, Geist und Seele oder wie auch immer man versucht, sich philosophisch anzunähern, sind eben dies: philosophische Unterarten eines offensichtlich einheitlichen Seins. Es genügt, jedes Tier und jedes kleine Kind zu betrachten, um anzuerkennen, dass diese Einheit die Grundlage des Body Readings ist. Besonders dann, wenn es herauszufinden gilt, wie die Gesamtheit des Individuums sich darstellt. Nicht nur, ob eine Schulter höher oder niedriger ist oder ob ein Auge offener ist als das andere, sondern wie es sich zu dem Selbst dieses Körpers verhält, wie es der immerwährenden Logik allen Lebendigens folgt oder nicht.

Der Körper empfindet, benennt, bewertet und entscheidet, doch „die Verwandlung der Welt" führte zur Dominanz des Benennens, zu vorherrschender Rationalität, zur Sprache der komplexen Kommunikation. So wurden die anderen Fähigkeiten des Körpers an den Rand gedrängt. Dabei sind sie so offensichtlich: Wenn ich meine Hand zu etwas sehr Heißem bewege, ziehe ich sie unwillkürlich (!) zurück. Der Körper folgt der Empfindung und die Großhirnrinde braucht noch nicht einmal einzugreifen, vielmehr: Es würde viel zu lange dauern und lebensbedrohliche Auswirkungen haben, ginge die neuronale Verschaltung nicht direkt vom Rückenmark zurück in die Bewegungssteuerung, sondern hoch ins Großhirn.

Gleiches, nur auf anderen Wegen, vollzieht sich, wenn ich großen Ärger auf der Arbeit habe. Derartigen Ärger, dass er meine Gefühle so in Wallung bringt, dass sie mir auf den Magen schlagen. Der Körper folgt dem Gefühl und die Großhirnrinde kann nicht einmal eingreifen. Es wäre auch hier zu viel verlangt, das Gefühl des Ärgers muskulär oder organisch zu verorten, obwohl manche Wissenschaftler immer noch die zelluläre Bestimmung der Gefühle anstreben. Aber wo im Körper sitzen die Gefühle? Da diese nicht derart gemessen werden können, beachtet man sie nur sekundär und so bleibt es häufig bei einer materiellen Zuordnung, in der biochemische und lokal beschreibbare Faktoren verantwortlich gemacht werden. Die Viren, die Bakterien oder der Angreifer, der mich geschlagen oder unabsichtlich umgestoßen hat. Diese verlockenden Erklärungen sind ein unumstößlicher Klebstoff, so dass man nach einem Unfall sachlich erklären kann: Er hat mir die Vorfahrt genommen. Wie kann das der Ausdruck von Gefühlen sein? Beim Ausdruck „auf den Magen schlagen" kann man die emotionale Ursache bisweilen noch nachvollziehen; aber selten beim Ausdruck „Vorfahrt nehmen". Beim Body Reading hingegen bleibt man konsequent mit dem umfassenden Körperausdruck verbunden und kann in jeder körperlichen Situation die entsprechenden emotionalen Herausforderungen begreifen. Gefühle spielen auf der Ebene des Erlebens, die nachvollziehbaren rationalen Sprachmuster bedienen die Ebene des Verstehens. Bringt man sie nicht Einklang, indem das Verstehen bei: „Er ist schuld", stehen bleibt, besteht die Gefahr, dass die emotionale Abspaltung sich verfestigt. So geschehen im Prinzip der Verwandlung der Welt, der isolierten Betrachtung des Körpers mittels des benennenden Verstandes.

Deshalb fällt es vielen Menschen schwer, die Prinzipien des Benennens und Denkens ruhen zu lassen, und sie erst anschließend in der Evaluation zu berücksichtigen. Dabei entspricht genau dies dem Wesen des Menschen, der probiert und Fehler macht, daraus lernt und weiter probiert. Es ist nicht notwendig, dem Denken in jeder dieser Situationen eine übergeordnete Rolle aufzubürden. Bei dem Griff an die heiße Herdplatte kann man ausschließlich anschließend reflektieren, was passiert ist und wie man es neu anordnet. Wenn jemand aus dem eigenen Bekanntenkreis in Lebensgefahr schwebt, ist es zwar möglich, über dieses Gefühl, das einen überkommt, nachzudenken; aber je nach Schwere und Nähe zum Menschen, geschieht das Denken gänzlich ohne Wirkung auf die Gefühle.

So erging es allen Menschen in ihren Lebensjahren, das Beispiel des Essens im aufrechten Sitz sei hier beschreiben. Das Kind sitzt und isst. Mehr nicht. Doch dieses Essen ist fabulöser Natur, denn alles wird bestaunt, betastet, gerochen und gefühlt, geschmeckt und verdaut. Im Erwachsenenalter tritt das Essen in den Hintergrund, geht nicht als eherne Grundlage voran; sondern überlässt dem Denken die Vormachtstellung. Der Kopf sinkt nach vorne, der Unterkiefer drückt zum Löffel, die Schultern hängen, die Zähne malmen rastlos, die Kehle strengt sich an. Offensichtlich ist: ich bin mit meinen Gedanken woanders, ich bin nicht beim Essen. Und gerade ist keine heiße Herdplatte oder der Tod eines Menschen zu spüren, so dass ich meinen unwillkürlichen Empfindungen oder Gefühlen folgen müsste.

Dabei bestimmen diese jederzeit die Reaktionen des Körpers. Wenn ich angestrengt nachdenke, spannen sich bestimmte Muskelgruppen an; wenn ich sexuelle Lust empfinde, löst das eine Vielzahl physiologischer Reaktionen aus. Es ist in solchen Fällen völlig in Ordnung zu sagen: Der Körper folgt den Gedanken, Gefühlen oder Empfindungen. Hingegen gehen wir davon aus, wenn wir beim Gespräch mit einem anderen Menschen denken, quasi innerlich sagen: „Hör doch bitte mit deinem Gequatsche auf", dass dies dem Anderen, dem ich gerade mit meiner entsprechenden Körpersprache gegenübersitze, nicht offensichtlich gewahr wird.

Bevor man daraus folgert, dass man mit Body Reading leicht die Gedanken des Gegenüber lesen kann, geht es zunächst um das Erleben. Um das bewusste empathische Einlassen auf das Gegenüber. Je ausgeprägter Sie sich auf diese Fähigkeit stützen, umso mehr Möglichkeiten offenbaren sich Ihnen. Dennoch bedarf es für bestimmte Absichten auch die passenden Situationen. Wenn wir mit jedem, mit dem wir digital interagieren, Body Reading machen würden (was durchaus möglich und anhand der Datenfülle leicht umzusetzen wäre), kämen wir nicht mehr zum Arbeiten, zum Essen, womöglich nicht mehr zum Denken. Die Vorstellung, durch die Stadt zu laufen, und in anderer Menschen Köpfe oder Herzen zu gucken, mag zwar verlockend sein; sie ist aber irreführend. Body Reading ist aktives Tun, zunächst einmal bewusstes Spiegeln und Erleben. Das kann man theoretisch auf der Straße machen; es kostet aber Aufmerksamkeit, umso mehr, je genauer man etwas spüren und wissen will. Gleiches gilt für die konkrete Interaktion mit einem Menschen im Alltag. Wenn ich mich in einer schwierigen Situation gefühlsmäßig unterstützt fühle oder wenn mir jemand eine Frage stellt, dann ist es notwendig, bei dieser aktuellen Wahrnehmung oder Aufgabe zu bleiben und keine tiefere Analyse vorzunehmen.

Darüber hinaus werden Gedanken überschätzt. Sie sind in ihrer Wirksamkeit selten so bedeutend wie Empfindungen oder Gefühle. Was passiert wirklich, wenn uns jemand liebevoll berührt? Sind es die Gedanken, die darauf Einfluss nehmen oder in der Hierarchie dieses Momentes wirklich wichtig sind? Oder sind es die Empfindungen und Gefühle, die den Körper veranlassen, sich entweder der Person zu- oder von ihr abzuwenden?

### 3.6.2  Der Körper folgt – der Körper führt

Versteht man das Prinzip des Körpers, der den Empfindungen, Gefühlen und Gedanken folgt, so bietet sich im Umkehrschluss etwas sehr Naheliegendes an. Nämlich, dass man diese Wahrnehmungen mit Hilfe des Körpers auch beeinflussen kann. An dieser Stelle hat der Mensch mit seiner vermeintlichen Willkür tatsächlich Entscheidungsgewalt. Ich kann mich auf den Rücken oder den Bauch legen, eine bestimmte

Gymnastikübung machen, eine Yoga-Position einnehmen, schnell oder langsam laufen, die Augen öffnen oder schließen, die Fäuste ballen und wieder loslassen, auf das Brustbein klopfen, ganz langsam die Gabel zum Mund führen oder beim Lesen den Kiefer anspannen. Nun folgen aufgrund dieser Körperhandlungen Empfindungen, Gefühle und Gedanken der anatomischen Vorgabe.

Der Körper drückt also nicht nur das aus, was wir empfinden, fühlen oder denken; sondern er ist auch in der Lage mit Hilfe seiner Formung uns selbst neu oder anders zu arrangieren. Heißt das, dass ich bei jedwedem unangenehmem Gefühl dies mit Hilfe des Körpers auflösen kann, in dem ich ihn in eine andere Position bringe? Ich bin traurig oder wütend und bringe nun meinen Körper bewusst in eine Position, die genau die gegenteilige Gefühlslage ausdrückt. Bin ich dann meine Sorgen los? Je gravierender die Gefühle sind, umso schwieriger ist es, von vornherein diese Position einzunehmen. Um es konkret an einem Beispiel zu zeigen: Niedergeschlagenheit zeigt sich oft – so wie es der Begriff korrekt vorwegnimmt – in einer eingesunkenen Brust, einem fallenden Kinn, nach vorne rotierenden Schultern und verengten Augen. Warum sollte ich jetzt nicht die Brust herausstrecken, den Kopf heben, die Schultern nach hinten ziehen und die Augen weit öffnen können? Sie können es versuchen, aber in der Regel spielen bei diesen Bewegungen deutlich mehr Muskeln und Feinjustierungen eine Rolle, als hier beschrieben worden sind. Es kann gut sein, und deswegen wurde und wird diese Vorgehensweise auch empfohlen, dass sie dennoch eine Veränderung spüren werden. Aber es kann auch sein, dass dies nur eine sehr leichte ist, weil die Macht der starken Gefühle die Körperposition immer wieder zurückwirft. Immerhin sollte man sich bewusst machen, dass man von dieser Warte aus einen Ansatzpunkt der Veränderung und der Selbstregulierung besitzt; dass es aber eben auch hier nicht mit einem einfachen gegenteiligen und oberflächlichen Tun auszumerzen ist.

Die meisten Menschen kennen diese Prinzipien, egal in welche Richtung sie eine Manipulation vorzunehmen gedenken. Mit Bewegungen des Körpers wollen viele auch ihre Gedanken, Empfindungen oder Gefühle trainieren. Es kann aber passieren, dass die feinen Ebenen des Körpers nicht umfassend angesprochen werden können, dass die Bewegungen nicht ausdrucksharmonisch ablaufen und dementsprechend nicht zum gewünschten Ergebnis führen. Wenn man bei einer bestimmten Sportübung denkt, dass diese Bewegung Herz und Kreislauf in Schwung hält und das Immunsystem, die Haut und das Bindegewebe darauf positiv reagieren, stimmt dies oberflächlich betrachtet. Wenn das zugrundeliegende Gefühl, für den Gedanken den Sport auszuüben, aber tief unbewusst lautet: „Ich muss mir oder anderen Personen etwas beweisen", dann kann es passieren, dass der Körper mit einem Zusammenbruch der inneren Harmonie reagiert. Fragen Sie nach bei den unzähligen Überlastungen der Breitensportler. Wird dann medizinisch ausschließlich die mechanische Überlastung als Ursache dieser Problematik ausgemacht, wird sich der

Kreislauf fortführen. Fragen Sie nach bei den chronisch Erkrankten, die von Arzt zu Arzt gehen.

Body Reading betrachtet die gesamte Persönlichkeit und sieht die Überlastung als Reaktion auf das falsch verstandene Gefühl an (der Körper folgt). In einem nächsten therapeutischen Schritt können wir aktiv und strukturiert (der Körper führt) diesen Prozess verändern, mittels gezielter Bewegungen Ausdrucksformen schaffen, die dem Gefühl zugrunde liegen, um es so auf gewinnbringende Art und Weise zu verkörpern, persönlich zu integrieren. Einfach ist dies nicht, denn neben aller Technik, allem Verständnis und allen Erklärungen sind Menschen – aktuell mehr denn je – massiven Manipulationen unterworfen. Diese beeinflussen die notwendigen Kompetenzen, gerade wenn es sich um die eigene Persönlichkeit handelt. Body Reading ist eine Möglichkeit, den Widerstand, sich selbst zu reflektieren, aufzubrechen. Es ist kein Schema F und keine Gebrauchsanleitung, sondern aktives Tun, das dem Prinzip der Demut folgt und die Einzigartigkeit des Individuums im Auge behält. Body Reading ist eine Annäherung, ein analoges Entsprechungsprinzip, ein Versuch, der Persönlichkeit und ihrem Ausdruck gerecht zu werden.

## 3.7  Body-Reading-Methoden

Die drei zentralen Methoden des Body Readings wenden Menschen täglich im Alltag an; hier werden sie methodisch aufbereitet: zuhören, anschauen hineinversetzen. Letzteres ist die ursprüngliche und klassische Methode des Body Readings – das Empfinden des Anderen im eigenen Körper. Die dafür geeignete Technik ist das Spiegeln. Eine darauf aufbauende Spezialtechnik nenne ich Scannen, auf die im Kapitel 6 näher eingegangen wird. Das Besondere an allen drei Methoden ist die typgerechte Annahme jeder Persönlichkeit. Man hört nicht einfach nur ein bestimmtes Füllwort, man sieht nicht einfach nur eine verdrehte Wirbelsäule, man spürt nicht einfach nur eine Anspannung im Bauch, sondern setzt diese Erkenntnisse auch in Bezug zu Typ und Charakter der Persönlichkeit, so dass man im wahrsten Sinne des Wortes adressatengerecht miteinander umgehen lernt.

Dafür bedarf es vorab einer umfassenden Anamnese, so dass man, um ein vollständiges Bild zu erhalten, so viele Puzzleteile des zu lesenden Menschen wie möglich sammelt. Dies steht im Gegensatz zur akademischen Medizin, bei der nur rudimentär nachgefragt wird. Häufig geht es hier allein um physiologische Bedingungen (Vorerkrankungen, Schmerzen, Operationen etc.). Viele Medizinsysteme klassischer Hochkulturen machen vor, wie man wichtige Elemente zusammenstellt. Man fragt nach Familienverhältnissen, Schlaf- und Ernährungsgewohnheiten, Sexualleben, Träumen, Traumata oder Neigungen und Eignungen. Besonders die heute noch bekannten Systeme der chinesischen (TCM) und indischen (Ayurveda)

Medizin sind nach wie vor Vorbilder einer umfassenden Anamnese, die tatsächlich dem Problem, weshalb der Klient den Arzt aufsucht, auf den Grund gehen wollen. Je ausgeklügelter und umfassender die Anamnese, umso mehr Bausteine haben sie; einen weiteren fügen Sie mit Ihren eigenen Sinnen hinzu: mit Body Reading.

Eine ausführliche Anamnese umfasst gleichwohl auch die bekannten medizinischen Bereiche, vor allen Dingen eine Auflistung aller orthopädischen Phänomene ist hilfreich – und einfacher als es sich hier anhört. Es genügt, beim Klienten Spannungen, Probleme oder Unwohlsein auf einer Skala von 0 bis 5 (0 = nie, 5 = stetig) abzufragen. Dies dann in der Regel zu den wichtigen Körperpartien Kopf, Schultern, Arme, Brust, Bauch, Rücken, Becken, Beine und Füße. Diese Struktur können Sie selbstverständlich Ihrem eigenen Ansatz nach anpassen, in dem Sie die Hände integrieren, den Rücken unterteilen oder sonstige Bereiche anordnen, die Ihnen in der Gesamtschau wichtig erscheinen.

Darüber hinaus empfiehlt es sich, alle im weitesten Sinne als internistische Phänomene bezeichneten Symptome abzuklopfen und die inneren Organe, die Sinnesorgane, Nerven-, Lymph- oder Kreislaufthemen aufzugreifen. Mit diesen Erstinformationen, die, wenn Sie einmal einen sinnvollen Fragebogen erstellt haben, nicht länger als fünfzehn Minuten dauern, bekommen Sie dann ein erstes Gespür für die aktuelle Verfassung sowie auch für die grundlegenden Themen dieser Persönlichkeit. Selbstredend ersetzt ein Fragenkatalog kein komplettes Body Reading. Er ist wie ein gemaltes Skelett ein Teilausschnitt. Zusammen ergeben alle Informationen dann ein kongruentes Bild.

Apropos Bilder: In diesem Buch sind Bilder eine wichtige Informationsquelle. Auch wenn es auf den ersten Blick vielleicht verwundert, sind diese in ihrer Deutlichkeit für ein intensives Body Reading besonders gut geeignet. Gleichwohl ist das reale Spiegeln mit einer realen Persönlichkeit, die atmet, lacht oder weint und ihre Augen bewegt, am umfassendsten und kräftigsten. Dennoch reichen Bilder in der Regel für das körperliche Spiegeln aus, denn sie sprechen eine eindeutige und dazu noch leicht zu übersetzende Sprache. Die reale Arbeit mit dem Klienten hat darüber hinaus einen tieferen Sinn, denn hier können sich Spiegelnder und Gespiegelter von der menschlichen Interaktion inspirieren lassen.

Wer anfangen möchte, das Spiegeln zu üben, wird mit Bildern die ersten und auch besten Fortschritte machen, denn sie halten die Persönlichkeit in einem geschützten Rahmen fest. So können Sie in jedem Bild jederzeit spüren, was die körperliche Grundstruktur dieser Persönlichkeit aussagt. Es ist unerheblich, ob dieser Schnappschuss gestellt, in einer besonderen Situation oder Umgebung stattgefunden hat – mit Hilfe des Body Readings dringen Sie so oder so tiefer in den Körper und die Persönlichkeit ein und können darüber hinaus sogar erkennen, ob das, was auf dem Bild dargestellt werden soll (vor allen Dingen bei Aufnahmen berühmter Persönlichkeiten, in der Werbung o. Ä.) in Einklang mit den tatsächlichen Bedürfnissen und Eigenarten ist.

### 3.7.1  Bilder spiegeln (Übung)

Gehen Sie genauso vor wie beim Spiegeln des Gehens. Üben Sie sich zunächst wieder im Betrachten und nehmen Sie alle zentralen Körperbereiche wahr, vor allen Dingen diejenigen, die einfach und klar zu erkennen sind. Also Füße und ihre Ausrichtung, Hände und ihre Position, die großen Gefäße Becken und Brustkorb, die Stellung der Schultern (nach oben oder unten gezogen, nach innen oder außen rotiert) und Knie (inner- oder außerhalb der lotgerechten Beinachse), die Position des Kopfes sowie die Blickrichtung und die Intensität der Augen.

Dann spiegeln Sie dieses Bild wie eine lebensechte Statue wider. Seien Sie diese vorgegebene Figur mit all ihren Strukturen, Formen und Spannungen. Besonders wichtig: Spiegeln Sie immer die Seiten korrekt. Wenn Sie das Bild betrachten, müssen Sie – im Gegensatz zu einem realen Spiegel – spiegelverkehrt agieren. Ist also der rechte Fuß weiter nach außen rotiert als der linke, stellen auch Sie den rechten Fuß weiter nach außen, platzieren die linke Schulter so, wie die linke Schulter auf dem Bild. Alternativ können Sie sich auch seitlich zu dem Bild stellen, dann fällt es etwas leichter; ebenso, wenn Sie sich mit dem Rücken zum Bild wenden und sich nach hinten ein wenig umschauen und sich dann punktgerecht anordnen. Die letzteren beiden Techniken gehen beim realen Spiegeln deutlich leichter vonstatten, da Sie sich dann frei im Raum und somit auch um den Klienten herumbewegen können. Wie auch immer Sie es angehen: die Lateralität spielt im Körper und auch beim Body Reading eine überragende Rolle und ist mit aller Sorgfalt anzugehen.

Der Rest ist – salopp formuliert – nur noch große Empathie und Hingabe. Lassen Sie sich Zeit, denn nun darf in Ihnen etwas entstehen. Je stärker Sie sich emotional vom Gegenüber trennen können, umso mehr werden Sie zulassen, welche Botschaften die von Ihnen nun eingenommene Haltung vermitteln will.

Nehmen Sie sich jetzt ausreichend Zeit, um dieses Bild zu spiegeln (Abbildung 3-8).

Das, was dazu erklärt wird, wäre das Gleiche, auch wenn sie es selbst nicht erlebt hätten; aber es hat nicht dieselbe Auswirkung auf Ihre Fähigkeiten. Menschen behalten und begreifen Dinge, die sie tun, viel mehr als diejenigen, die sie nur hören.

Wenn Sie sich ein paar Minuten in diese Person hineinversetzt haben, stellen Sie sich die zentrale Frage: Welche Muskeln oder welche Körperbereiche lassen Sie besonders viel Spannung erfahren? Um es anders auszudrücken: wo verdichtet sich Energie, wo knäult und drängt es, wo spitzt es sich zu? Diese Form der Spannung oder Energie können Sie dann mit ein wenig Erfahrung und den im Verlauf des Buches vorgestellten Erklärungen bestimmten Empfindungen, Gefühlen oder Gedanken zuordnen. Doch bevor Sie vorschnell im Vorkabelheft nachschlagen, bleiben Sie in Kontakt mit Ihren eigenen Erfahrungen und versuchen Sie selbst weitere

**Abbildung 3-8:** Bilder spiegeln
(© Antonio Garcia/EyeEm, Getty Images)

sinnvolle Fragen zu stellen und sich mit Hilfe Ihrer nun erfahrbaren Empfindungen, Gefühle und Gedanken auch Antworten zu geben. Was fällt generell auf, was ist das Thema dieses Menschen? Welche Körperstellen sind im Gegensatz zu den Spannungen weich oder harmonisch? Welche Form der Kommunikation (mit dem Fotografen) ist hier ersichtlich; und was drückt diese Persönlichkeit aus?

### 3.7.2  Drei Arten zu lesen

Logischerweise finden sich zentrale Aspekte des Body Readings in vielen anderen Methoden und Systemen wieder. Was nicht verwundert, denn Body Reading ist so alt wie der Körper selbst und viele greifen auf diese Fähigkeiten zurück; auch wenn sie diese nicht als solche erkennen oder ihnen andere Namen geben. Ein Beispiel sind die sogenannten Sinnesmodalitäten im Neurolinguistischen Programmieren (NLP). Die drei Repräsentationssysteme auditiv, visuell und kinästhetisch spielen in der Arbeit jener Fachleute eine übergeordnete Rolle und können von Grund auf ins Body Reading integriert werden. Darüber hinaus ist eine kleine Anmerkung notwendig: die Zuordnung zum visuellen, auditiven oder kinästhetischen Typen ist hilfreich und wer sich mit den daraus ergebenden Möglichkeiten auseinandersetzt, wird häufig das von ihm bevorzugte Sinnmodell erkennen können. Gleichwohl ist dieser Sinntyp etwas anderes als eine charakterliche Eigenart. Denn in solch einem Fall bin ich nur das eine und kann nicht auch Anteile anderer Charaktertypen in mir vereinen – auch wenn das manchen so vorkommt. Gleiches gilt für die Form meiner Atmung. Ich atme entweder dominant ein oder dominant aus; aber nicht beides im Wechsel. Und diese Prinzipien gelten ein Leben lang. Meine bevorzugte Sinnesmodalität mag auch ein Leben lang gelten, aber ich werde auch jederzeit die anderen Sinne mitbenutzen, vielleicht etwas schwächer, vielleicht etwas seltener.

Dies ist ein bedeutender Unterschied zu einer konstitutionellen Form, die man trägt und die jede andere Form ausschließt. Gleichwohl können wir die bevorzugten Sinne durchaus bewusst benutzen. Beim Body Reading sind sie sogar ausgesprochen hilfreich, wenn es darum geht, die Arbeit für sich selbst angenehm und effektiv zu gestalten. Besonders dann, wenn man weiß, in welcher dieser drei sinnlichen Kategorien man sich am leichtesten einfühlen kann. Wenn man besonders sensibel und intensiv hören, schauen oder spüren kann, weiß man diese Erkenntnis für das Body Reading selbstbewusst einzusetzen. Das heißt nicht, dass man nicht alle drei Möglichkeiten ausschöpfen kann; aber man ist mich selbst im Reinen, wenn man das Body Reading verstärkt über das Hineinversetzen oder das Visuelle angehen wird, weil das Hören vielleicht nicht ganz so einfach fällt.

### 3.7.3  Auditives Body Reading

Hier kann gelesen werden, was und wie es gesagt wird. Zu dieser Methode gibt es ausreichend Literatur im Rahmen der Kommunikations- und Verhaltensentwicklung. Es wundert nicht, dass diese Art des Body Readings bestens untersucht und aufgelegt wird; denn schließlich handelt es sich hier um die dominante Ausdrucksweise, an der der Verstand maßgeblich beteiligt ist. Im Folgenden werden die wichtigsten Phänomene vorgestellt, die auf bestimmte Persönlichkeitsstrukturen hinweisen und die wie alle Informationen in das große Puzzle des Body Readings mit einfließen dürfen. Sie beziehen sich im Konkreten auf die Sprach- und Kommunikationsmuster, die jederzeit akut oder chronisch auftreten können. Das heißt, es sind Phänomene, die entweder nur über einen kurzen, aktuellen Zeitrahmen auftreten oder dauerhaft im Sprachmuster des Sprechenden vorhanden sind. Egal welcher

Natur sie sind, sie können – in Anbetracht der individuellen Ausrichtung – nach den folgenden Body-Reading-Aspekten verstanden werden.

---

**Intensitätsregel**

Für alle diese und folgenden Erklärungen anhand der funktionellen menschlichen Biologie gilt eine Intensitätsregel. Für jede exakte Beschreibung eines Phänomens in diesem Buch werden die Abweichungen entsprechend hinzuaddiert. Ist das Phänomen gering, sollte auch die vorgeschlagene Deutung abgemildert werden; ist das Phänomen extrem, gilt dies auch für die Deutung. Dies kann man in einer Zahlenlogik (1–10) ausdrücken oder in inneren, empfundenen Werten (sehr wenig, wenig, etwas, viel, sehr viel; weich, gespannt, hart, erdrückend; etc.). Übersetzte man diese Werte in die Zahlenlogik, käme das gleiche Ergebnis dabei heraus: die eindeutige Bewertung Ihrer empfundenen Intensität.

---

Die Beschreibungen für die akustischen Signale sind hier bewusst kurzgehalten, da sie an anderer Stelle schon häufig dargestellt worden sind. Der Fokus liegt auf den essenziellen Sprachauffälligkeiten, so dass man mit Hilfe des auditiven Body Readings weitere Puzzleteile sammeln und sein Bild von dem zu lesenden Menschen verfeinern kann. Besonders akustisch orientierte Menschen sollten sich diese Aspekte zu Eigen machen, denn Ihnen fällt die Aufnahme besonders leicht.

## Wiederholungen

Zunächst gilt es zu unterscheiden, ob der Sprecher, der sich inhaltlich wiederholt, sich auch dessen bewusst ist – oder eben nicht. Ist er sich dessen bewusst, will er mit Nachdruck auf das weisen, was er wiederholt. Ist er sich dessen nicht bewusst, will er das Gleiche; ohne dabei aber auf die Empathie seines Gegenübers Rücksicht zu nehmen. Jeder kennt vielleicht solche Menschen, die jedes Mal die gleichen, alten Geschichten auspacken, sie bei jedem Treffen immer und wieder erzählen. Besonders frappierend ist dies, wenn man als Empfänger anmerkt, dass man diese Geschichte doch schon kennt und sie einem dennoch erzählt werden muss. Hierin erkennt man das große Mitteilungsbedürfnis und die Bedeutung jener Geschichte oder Aussage. Sie will so lange erzählt werden, bis sie innerlich überwunden worden ist. Und dafür ist in der Regel nicht der Empfänger verantwortlich (denn er hört die Geschichte ja immer und immer wieder), sondern der Absender, der sie für sich selbst nicht zu integrieren und zu verdauen schafft, da es sich hier wahrscheinlich um stark emotional besetzte Themen oder Situationen im eigenen Leben handelt.

## Übertreibung > Generalisierung

Diese Form des Sprachmusters ist weit verbreitet und auch häufig untersucht worden. Sie dient der besonderen Hervorhebung des Sachverhaltes und zeigt die hohe emotionale Verbindung an. Der Schmerz über das Verhalten anderer lässt sich leichter argumentieren, wenn man das Verhalten als übertrieben darstellt. „Sie hat mich nie geliebt", oder: „Keiner hört mir zu", sind typische Beispiele einer Übertreibung. Dadurch ist man in der Lage, die Verantwortung auf andere Schultern zu legen und muss sich nicht mit sich selbst auseinandersetzen. Mit einfachen Rückfragen lassen sich dennoch gezielte Informationen und bewusstes Sprechen beim Gegenüber erreichen. Wirklich nie? Gar kein Mensch? Hinter jeder Übertreibung entlarvt sich eine emotionale Verknüpfung, die es näher herauszufinden gilt.

## Schlüsselwörter

Welche immer wiederkehrenden Schlüsselwörter, zumeist Nomina oder Verben, kann ich heraushören? Sie sind von Mensch zu Mensch eigen und präsentieren die Schlüsselgedanken, -empfindungen oder -gefühle des Sprechenden. Sie sind wie das Lieblingseis, der Kleidungsstil oder der bevorzugte Reiseziel ein dringliches Anliegen. Sie sind Teil der ureigenen Persönlichkeit und kommen dementsprechend häufig vor.

## Füllwörter

Sie sind von Schlüsselwörtern zu unterscheiden, da sie im Satzbau und der Semantik nicht notwendig wären. Sie sollen an jener Stelle die Unsicherheit, das Suchen nach dem richtigen Wort oder die folgende Passage aufwerten, damit nicht der Eindruck der Unwissenheit oder Belanglosigkeit entsteht – und bewirken im Umkehrschluss genau das. Klassiker sind „einfach", „halt", „wirklich", „ehrlich gesagt", „voll", „total" und viele weitere mehr. Sie sind in ihrer Semantik genau als das zu verstehen, was sie sagen. Derjenige, dessen Füllwort „einfach" ist, den frage man auch, ob denn alles so einfach im Leben ist oder es gerne einfach sein sollte. Und derjenige, der „wirklich" oder „ehrlich gesagt" häufig verwendet, den frage man, ob er denn Probleme mit der Ehrlichkeit habe oder auch schon mal nicht die Wahrheit sagt. Derjenige der „voll" oder „total" als Ergänzung zum Adjektiv gebraucht („voll schön", „total krass", etc.), den frage man, ob es auch schöne oder krasse Dinge gibt, die nur halb so kraftvoll sind. Oder: Was wäre am Schönen denn anders, wenn es nicht voll, sondern einfach so schön sein darf, wie es ist?

## Sprachfehler

Diese sind von vornherein ein schwieriges Feld, denn hier werden häufig Mitleid oder falsch verstandene Gutmütigkeit vom Hörenden mit ins Spiel gebracht. Wer nüchtern die Sprachfehler seines Gegenübers analysieren kann, hat beste Voraussetzung, just an den Stellen, wo die Fehler sich zeigen, nachzuhaken und zu erkennen, wo es – nicht nur im Ausdruck – fehleranfällig zu sein scheint.

## Falscher Kontext

Das Phänomen hat eindeutige psychologische Hintergründe und tritt in der Regel unverhofft und plötzlich auf. Sie stellen dem Gegenüber eine Frage, dessen Antwort ihn in Verlegenheit bringen würde oder dessen Thema er sich nicht anzugehen getraut. So wechselt das Gegenüber dann völlig irrational und kontextlos das Thema oder antwortet auf die Frage mit einer beiläufigen Gegenfrage. Dieses Phänomen tritt häufig auf, denn es ist das Kennzeichnen unbewusster und verdrängter Verhaltensmuster. Vielleicht haben Sie auch schon einmal aufgrund des vorherigen Inhalt des Gespräches und seiner Logik so reagiert: „Ich habe doch gerade etwas ganz anders gesagt; wie kommst Du jetzt denn auf dieses Thema?" Erwarten Sie dann aber nicht als Antwort: „Das andere Thema hat mich überfordert", „Die Leichen in meinem Keller sind aufgeweckt worden" oder Ähnliches. Der falsche Kontext ist ein sehr ernst zu nehmendes Phänomen und gibt dem Body Reader tiefe Aufschlüsse über das, was dem Gesprächspartner missbehagt, zuwider ist oder gefährlich erscheint.

## Zeitform

Es kann vorkommen, dass Menschen von der Vergangenheit erzählen, dies aber in der Gegenwartsform formulieren oder umgekehrt. Gleiches gilt für die Zukunft, die in die Gegenwart oder sogar in die Vergangenheit gelegt werden kann. Wann immer eine Verschiebung der Zeitform ersichtlich ist, frage man sich, warum der Sprecher das Vergangene oder Zukünftige in die Gegenwart legen will, oder aber das Gegenwärtige bereits als vergangen oder zukünftig ansehen möchte. Es handelt sich in jeder Form um eine verdrängte Symbolik einer bedeutenden Angelegenheit, die sogar so bedeutend ist, dass sie aus ihrem eigentlichen Zeitkontext herausgerissen und in einen anderen übertragen werden will.

## Indikativ/Konjunktiv

Diese Form der Sprache nimmt gerade in den letzten Jahren unübersehbare Dimensionen ein. Sie ist das Kennzeichen einer unverbindlichen Gesellschaft, einer Kultur, die vieles machen, aber für wenig geradestehen will. Der Klassiker ist: „Ich würde morgen vorbeikommen." Die logische Gegenfrage muss lauten: „Kommst du morgen oder kommst du nicht?" Der Transfer vom Indikativ zum Konjunktiv ist der geläufigere; wiewohl es auch andersherum möglich ist. In jedem Fall ist zu fragen, warum das eigentlich Faktische (der Indikativ) als hypothetisch ausgedrückt werden muss; oder warum das eigentlich Hypothetische (der Konjunktiv) zementiert werden will. „Ich könnte morgen um halb drei.", „Kannst du denn auch?", „Ich könnte, wenn ich wirklich wollte; aber dann müsste ich ja auch ...".

## Singular/Plural

Auch dies hat jeder schon einmal gehört. Jemand spricht von sich allein, benutzt aber den Plural; oder jemand spricht von einer Gruppe, benutzt die Possessivpronomen aber im Singular. Der Klassiker, der über allem steht, ist das kleine Wörtchen „man", das nicht umsonst so häufig gebraucht wird. Denn es zeigt an, dass man sich hinter einer Allgemeinheit verstecken kann. „Man muss auf die Umwelt achten." Fragen dazu: „Ist es Dir ein Bedürfnis, dass alle Menschen umweltbewusst leben?", „Lebst du umweltbewusst?", „Und warum willst du, dass andere es auch tun?" Anders herum ist der Ich-Erzähler, der eigentlich seine Familie, seinen Freundes- oder Arbeitskreis meint, ein willkommener Ansprechpartner, wenn es darum geht, zu hinterfragen, wie und warum er sich dieser Gruppe nicht zugehörig fühlt, oder warum er sich vor dieser herauszunehmen versucht.

## Grammatik

An Stellen, wo der grammatische Fehler auftaucht, lohnt es sich genauer hinzuhören und auch genauer nachzufragen. Besonders bei Muttersprachlern kann dies eine lohnende Arbeit sein. Das gilt aber auch für Personen, die in einer für sie fremden Sprache kommunizieren und logischerweise grammatikalische Unstimmigkeiten einbauen werden. Trotzdem darf man an dieser Stelle überlegen, warum ausgerechnet dieses Phänomen zu Tage tritt und ein anderes grammatikalisch korrekt formuliert wird.

## Versprecher

In der Phrase des Freud'schen Versprechers ist nicht nur bereits formuliert, dass es sich hierbei um eine unbewusste Botschaft handeln kann, die es zu untersuchen gilt; sondern es zeigt auch, wie alt diese Form des auditiven Body Readings bereits ist.

## Sprachform

Selbstverständlich gilt alles Gesagte nicht nur für das gesprochene, sondern auch für das geschriebene Wort. Und ja, das ist in Zeiten von Kurznachrichten natürlich ein erhebliches Betätigungsfeld und eine große Fundgrube. Und nochmals ja: Beim Body Reading interessiert es nicht, ob man nur eine Nachricht auf seinem Minicomputer schreibt, und es da doch vermeintlich egal ist, ob die Wörter richtig geschrieben, die Sätze sauer ausformuliert oder die grammatische Form gewahrt werden. Es interessiert nur das, was zu empfangen ist, und das ist oben gemachten Überlegungen zuzuordnen. Und wenn es viele der Mitmenschen so handhaben, sind sie in diesen Momenten eben halbherzig (in dem sie die Großschreibung weglassen), pausenlos (in dem sie keine Punkte setzen) oder können die Hauptsache nicht von der Nebensache trennen (in dem sie keine Kommata setzen).

### 3.7.4  Visuelles Body Reading

Die visuelle Form des Body Readings ist in der Regel faktischer Natur. Denn: eine Schulter zieht höher als die andere. Die Füße rotieren nach außen (um so und so viel Grad) oder nach innen. Die später zu besprechende kinästhetische Form des Body Readings geschieht auf Grundlage einer subjektiven Wahrnehmung und die oben beschriebene auditive Form des Body Readings ist trotz ihrer eindeutigen Zuordnung aufgrund der hohen Anzahl der Wörter und der Variabilität der Erscheinungen nur bedingt faktisch, so dass Nachfragen dort notwendig sind.

Visuelle Erscheinungen sind in der Regel eindeutig und offensichtlich. Dazu richtet man zunächst den Blick auf die Natur gegebene Form, auf die Bewegungsökonomie des sich positionierenden oder bewegenden Körpers, und auf seine generelle Ausrichtung. Die Abweichungen von der biomechanischen Vorgabe sind es, die für das Body Reading interessant sind. Die grundsätzliche Herangehensweise kennen Sie bereits vom Spiegeln des Gehens und Stehens.

Sie achten auf Füße, Beinachse, Beckenstellung, Schultergürtel, Armrotation, Handstellung, Kopf und Augenbewegungen. Sie erkennen typische mimische Phänomene wie eine gerunzelte Stirn, zusammengezogene Augenbrauen oder fallende

Mundwinkel oder gestische wie Armbewegungen, die vom Körper weg zielen, oder etwas an den Körper heranziehen wollen. Die Variationen von Mimik und Gestik sind vielfältig. Sie alle aufzuzählen ist deswegen nicht notwendig, weil sie diese selbst anwenden und wahrnehmen. Und das jeden Tag in mannigfaltiger Art und Weise. Darüber hinaus ist dieser Bereich am uninteressantesten, was die Interpretation angeht, denn zusammengezogene Augenbrauen können Sie auch ohne das Lesen dieses Buches richtig deuten. Viel bedeutsamer ist die oben genannte Körperorganisation, der Vergleich der Schulterhöhen oder die Positionen von Füßen und Händen. Diese zu deuten ist lohnender, weil hier das Body Reading mit Hilfe von Interpretationen den tiefer liegenden Empfindungen und Gefühlen auf den Grund gehen kann.

Dazu gehören auch konstitutionelle Auffälligkeiten wie Größe des gesamten Körpers oder einzelner Teile, Gewebefestigkeit und -dichte. Sie alle können ebenfalls gedeutet werden. Es wurde aber bereits darauf hingewiesen, dass für das Body Reading vor allen Dingen die erworbenen Ausdruckserscheinungen von Relevanz sind, an denen dann später auch gearbeitet werden kann. Gleichwohl gibt es Menschen, die sich für Ihr Horoskop interessieren und die darin Übereinstimmungen entdecken und die Ihnen Ihre eigene Persönlichkeit besser verständlich machen. So ähnlich wird es einem auch bei der konstitutionellen Analyse ergehen; doch handelt es sich in beiden Fällen um irreversible Erscheinungen. Sie dienen für das Selbstbewusstsein, der Erkenntnis der eigenen Voraussetzungen. Die erworbenen Phänomene hingegen lassen Rückschlüsse auf das Lebensverhalten zu. Und diese müssen nicht unbedingt statischer Natur sein (die hochgezogene Schulter), sondern drücken sich auch dynamisch aus.

Größere, aber auch sehr kleine Bewegungen sind ein offensichtliches Geschenk für das visuelle Body Reading. Denn da hüpft und springt es vor einem und diese dynamischen Bewegungen sagen viel aus. Man erkennt den sich stetig nach oben schiebenden Brustkorb, die zuckenden Wadenmuskeln, die flirrenden Augen, den wackelnden Kopf, die schlackernden Arme, die zitternden Hände oder auch den nervösen, nie zur Ruhe kommenden Körper als Gesamtes. Was immer man an Bewegung erkennen kann: man frage sich, welche Funktion diese Bewegung hat und ordne sie als Puzzlestück in die Gesamtanalyse mit ein. Beispiel: Die Augen bewegen sich unruhig hin und her. Was genau suchen diese Augen? Warum können Sie sich nicht auf einen Punkt fixieren? Welche innere Unruhe liegt dieser körperlichen Erscheinungsform zugrunde?

Obwohl es sich eigentlich um eine Besonderheit der kinästhetischen Form des Body Readings handelt, kann man Muskelspannungen auch visuell erkennen. Die Kontraktion der Muskelfasern ist an bestimmten Körperstellen anhand des Reliefs der Haut deutlich wahrzunehmen. Zudem kann man an bestimmten Gelenkpositionen erkennen, welche Muskeln hier ökonomisch oder unökonomisch arbeiten. Das beste Beispiel hierfür ist ein verspannter Kiefer, bei dem die Zähne aufeinander liegen (extreme Form) oder die Lippen aufeinander liegen (leichtere Form). Die natürliche Kieferhaltung, bei der der Mund leicht geöffnet ist, offenbaren entspannte Menschen, die auch in Drucksituationen ihre Aggression entweder ausdrücken oder aber gar nicht erst entfachen müssen. Ein weiteres Beispiel sind große, aufgeblähte Oberarmbeugemuskeln, die dafür sorgen, dass die Ellenbogen aus ihrer eigentlich annähernden Streckstellung, die sie in der Ruheposition im Stehen einnehmen sollten, in eine angewinkelte Position kommen. Sie zeigen, dass das Verhältnis von Beugern und Steckern im Arm zu Ungunsten der Strecker verschoben ist. Weitere visuell leicht zu erkennende, übertriebene oder unökonomische Muskelspannungsgebiete sind die Muskulatur der Finger und Unterarme, der Augen, der Stirn, des Mundes und je nachdem wie viel oder wenig Kleidung dazwischen liegt, auch die des Gesäßes und der Zehen. Spannungen in den Oberschenkeln, im Rücken, im Bauch, am Schultergürtel und vor allen Dingen im Beckenboden sind hingegen nur schwierig visuell zu erkennen und auf die Arbeit mit dem kinästhetischen Body Reading angewiesen.

Einen Sonderfall nimmt, wie so oft im Leben, die Atmung ein. Auch sie kann man visuell erfassen: das Tempo, den Rhythmus, den Umfang. Sie kann aber genauso gut auditiv und kinästhetisch wahrgenommen werden. Die Atmung ist der Urgrund des Lebens und von daher jederzeit und mit jeder Methode zu erfahren. Auch diese braucht, ähnlich wie Mimik und Gestik, nicht besonders eindringlich erklärt zu werden. Was eine flache Atmung bedeutet, nämlich eine unzureichende Versorgung mit Lebensenergie in diesem Moment, ist offenkundig und das nächste Puzzleteil für Ihre Analyse.

Was visuell häufig automatisch erfasst und ohne große Kenntnis aufgenommen werden kann, ist die Stimmung oder emotionale Verfassung des Gegenübers. Mimik und Gestik sind dabei nur zwei wenn auch bedeutende Anzeiger. Was aber hier mit Stimmung gemeint ist, greift weit über eine Interpretation dieser beiden Teile hinaus: Es ist das Erfassen der gesamten Persönlichkeit. Es ist das, was der Empfänger als unbewusstes Wissen spürt. In der Regel gewinnen wir den Stimmungseindruck unseres Gegenübers beständig und sind nun mit Hilfe des Body Readings in der Lage, diesen zu prüfen. Hat uns unser erster Eindruck getäuscht? Welche Erklärungsmodelle finden wir für diesen ersten Eindruck? Stimmungen begreifen ist an sich nichts Visuelles, gleichwohl kann man sie auch visuell erfassen, und so sind sie ein weiterer Baustein einer umfassenden Analyse.

Die wichtigsten visuellen Botschaften ergeben sich schließlich aus der dreidimensionalen Körperstruktur, die dem Auge besonders zugänglich und dem Body Reader besonders nützlich ist. Es ist am einfachsten, wenn man sich den Mensch als eiförmigen Körper vorstellt, in dem man die drei Dimensionen links/rechts, oben/unten und vorne/hinten klar erfassen kann. Das Verhältnis der zwei Richtungen innerhalb einer Dimension ist aussagekräftig und hat hohe Priorität in der Analyse; auch deshalb, weil diese Phänomene auf den ersten Blick ersichtlich sind.

Die linke und rechte Schulter sind die wichtige Zwischenstation des Ausdrucks, der im Brustbein seinen Ausgang findet und den inneren Antrieb des Menschen repräsentiert. Die Schultern sind darüber hinaus die Basis der Arme, Hände und Finger und sind visuell das am schnellsten zu erkennende Kriterium. Sie belegen beispielhaft das Prinzip der linken und rechten Seite des Körpers, welcher hier vorgestellt werden soll.

Einfach ausgedrückt hat der Body Reader mit den beiden Schultern die Möglichkeit, das Verhältnis zwischen rationalen und emotionalen Anteilen innerhalb eines Menschen zu begutachten. Welche dieser Anteile wollen geschützt und lieber nach innen gekehrt bleiben, welche sind offen und aufnahmefähig? Welche Seite ist hochgezogen, welche nach unten, nach vorne, nach hinten oder im Lot positioniert? Betrachtet man die Funktion der Schulter, stellt man fest, dass sie dann hochzuziehen ist (und zwar automatisch), wenn Gefahr im Verzug ist. Wie kann man in so einem Fall vorgehen?

Ein Beispiel: die rechte Schulter ist höher als die linke. Der Body Reader bleibt nach dieser faktischen Erkenntnis in einer hypothetischen Position und erklärt: „Es könnte gut sein, dass Sie auf der emotionalen Ebene eine offene Persönlichkeit sind, auf Ihrer gedanklichen, mentalen Ebene aber vorsichtiger sind; dass Sie Meinungen und Aussagen anderer nicht so schnell wahrhaben oder akzeptieren wollen wie auf der emotionalen Seite." Das darf nicht wie eine generelle Aussage klingen, sondern soll ein erster Beziehungspunkt sein zwischen demjenigen, der Body Reading ausführt und demjenigen, der es erhält. Wenn diese Interpretation dienlich ist, dann kann es vertiefend ausgesprochen und in die Analyse mit eingespeist werden. Genauso gut gibt es von diesem Punkt aus Variationen, die das Gegenteil belegen können, oder wo diese Erscheinungsform kein wesentlicher Bestandteil der charakteristischen Körperform des zu Lesenden ist. Wie bei allem, was Sie lesen, sind Sie aufgefordert, es auch entsprechend zu erfragen und zu integrieren.

Zurück zur besonderen Bedeutung der linken und rechten Seite. Sie ist so elementar und umfassend, dass ich diese an anderer Stelle ausführlich beschrieben habe (Gerhards, 2016). Die offensichtliche funktionelle Grundlage sei hier noch einmal erwähnt, nämlich die Eigenschaften der beiden Gehirnhälften, in denen sich nach wissenschaftlicher Lehrmeinung all die Attribute finden lassen, die für die jeweilige Körperseite stehen. Emotionalität, Kreativität, räumliches Denken, Metaphern oder Intuition sind Schlagwörter für die linke Seite; Rationalität, Analyse, sprachliches Denken, Funktionalität und Mathematik sind Beschreibungen für die rechte Seite. Bis auf den Geruchsnerv laufen alle Nervenbahnen, die zu den Gehirnhälften führen und die von ihnen ausgehen, auch die der Organe des Kopfes, überkreuz, wodurch sich die Vertauschung der beiden Attributsketten im Gehirn erklärt (hier gelten Attribute für die linke Seite für die rechte Gehirnhälfte und vice versa). So werden wir im Body Reading die Zuordnung der Seiten von der körperlichen Sicht – und nicht von der des Gehirns – aus angehen, die in der Alltagswelt des Menschen schon lange eine wertende Bestätigung erfährt. Die Bedeutung von Rechts- und Linkshändigkeit, die Bezeichnungen für rechtes und linkisches Verhalten, seien hier beispielhaft erwähnt.

Die Unterscheidung zwischen oben und unten ist ebenfalls ein spannender Indikator; doch zunächst muss die Frage beantwortet werden, wo man die Grenze zwischen beiden Bereichen zieht? Dies ist nicht so einfach zu beantworten. Rein geometrisch kann man sie in etwa auf Höhe des Schambeins verorten. Es ist deswegen nicht unüblich, das Becken mit der unteren Extremität zu verbinden (unten) und den Rumpf mit der oberen Extremität und dem Kopf (oben). Je nach Lesart kann man das Becken aber auch noch dem obigen Anteil zurechnen oder den Unterbauch zum unteren.

Wir folgen hier der ersten Idee und überlegen, welche klassischen Interpretationen für das oben und unten bekannt sind? Bevor Sie die Antwort lesen, denken Sie selbst darüber nach. Überlegen und spüren Sie, welche Assoziationen Ihnen zu oben und unten kommen.

Verwurzelung und Erdung sind zentrale Elemente des Unten, sowie Aufwärtsstreben, in den Raum greifen als zentrale Elemente des Oben. Mit ein wenig Abstraktionsvermögen und dem richtigen Gespür kann man diese beiden Ebenen auch als den zentralen Unterschied zwischen Materie (unten) und Geist (oben) begreifen; obwohl zunächst offensichtlich ist, dass das Gesicht und die Arme aus materiellem Fleisch und Blut bestehen und nicht nur die Beine und die Füße. Ebenso offensichtlich ist aber auch, dass die Philosophie das Denkens, der Akt des vernunftmäßigen Sprechens und das Glaubensbekenntnis der inneren Regungen im oberen Abschnitt beheimatet sind, während hingegen die Füße und die Sexualorgane als besonders instinktive und ursprüngliche Dimensionen des Materiellen verstanden werden dürfen.

In der Praxis zeigt sich ein sichtbares Missverhältnis als erster Hinweis für eine gewisse Schwerfälligkeit (unten dominiert oben) oder eine entsprechende und übertriebene Leichtigkeit, die man gemeinhin als Persönlichkeitstypus des Luftikus bezeichnet (oben dominiert unten). So erkennt man beim visuellen Body Reading größere oder massivere Anteile in Beinen und Gesäß im Gegensatz zum Rumpf oder umgekehrt ganz allein an der Verteilung des Körpergewichtes.

Die dritte Ebene, vorne und hinten, ist nicht nur am schwierigsten auf den ersten Blick zu erkennen, sondern repräsentiert jene Unscheinbarkeit auch in ihrer Bedeutung. Sie lautet bewusst (vorne) und unbewusst (hinten) und kann am besten mit der folgenden Übung – wie auch die anderen beiden Ebenen – bei sich selbst erkannt werden.

### 3.7.5  Die drei Ebenen des Körpers (Übung)

Anmerkung: Den Grundaufbau dieser Übung habe ich mir nicht selbst ausgedacht, sondern ihn übernommen. Ich kann leider nicht mehr herausfinden, von wem ich diese großartige Übung als Anregung geschenkt bekommen habe. Mein großer Dank ist ihr oder ihm gewiss.

Um ein Gespür für ihren eigenen Raum zu bekommen, zeichnen Sie großflächig auf einem DIN-A-4-Blatt ein einfaches Strichmännchen (siehe **Abbildung 3-9**) und tragen Sie dort die folgenden vier Phänomene ein.

Erstens: Schmerzen, Krankheiten, Narben, allgemeine Stellen des Unwohlseins. Zeichnen Sie an den Stellen Ihres Körpers, wo Sie diese Unannehmlichkeiten verspüren oder verspürt haben, das Symbol eines Blitzes ein. Je größer das Symbol, umso größer das Phänomen in Ihrer Wahrnehmung. Wenn diese Phänomene viele Jahren zurückliegen, heute aber nicht mehr auftreten, können Sie sie weglassen – mit einer Ausnahme. Alle Operationen sind, egal wie lange sie her sind, einzuzeichnen.

Als zweites symbolisieren Sie diejenigen Stellen Ihres Körpers mit einem Herzen, die für wohltuende und angenehme Dinge stehen; an denen Sie Ihren Körper gerne spüren. Wenn Sie ein visueller Typ sind, werden Sie vielleicht auch das Sehen an sich mögen und zeichnen ein Herz in die Augen. Wenn Sie eine Brille tragen, kann es durchaus vorkommen, dass Sie gleichzeitig eine Schwäche der Augen haben und trotzdem gerne sehen. Dann zeichnen Sie einen Blitz und zugleich ein Herz bei den Augen ein. Wenn Sie das wohlige Gefühl in den Regionen des Verdauungstraktes mögen, wenn Sie gegessen haben, zeichnen Sie ein Herz genau dorthin, wo Sie es erleben. Wenn Sie Ihren Mund gerne spüren beim Essen, beim Küssen oder Rauchen, wird dieser notiert; wenn Sie Ihre Geschlechtsorgane lieben und/oder den Sexualakt, zeichnen Sie das Herz dorthin, immer entsprechend der Bedeutung in der jeweiligen Größe.

Die letzten beiden Symbole sind plus und minus und beziehen sich ausschließlich auf die Themen Bewusstheit und Unbewusstheit. Damit ist es etwas anderes gemeint als das Bewusstsein für Schmerzen oder Wohlgefühl an oder in einem Organ, sondern die tatsächliche kinästhetische Möglichkeit und Kenntnis der jeweiligen Regionen. Sie können Probleme mit der Milz haben, weil Ihr Arzt es Ihnen gesagt hat, aber Sie spüren das Organ nicht. Dann zeichnen Sie einen Blitz und ein Minus an diese Stelle. Genauso gut können Sie Schmerzen im Herzen haben und zugleich ist Ihnen dieses Organ präsent, so dass Sie hier einen Blitz und ein Plus einzeichnen. Gehen Sie für diesen Teil der Übung den ganzen Körper innerlich durch und spüren Sie, wo Sie präsent sind (beispielsweise in den Fingern oder Händen) und wo nicht (beispielsweise in den Nieren oder im Hüftgelenk) und zeichnen Sie die Stellen ein, wo das Bewusste und Unbewusste besonders zu Tage treten. Bei allen

# Die drei Ebenen des Körpers

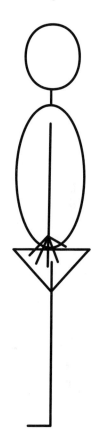

 = Schmerzen, Einschränkungen, Operationen, Unwohlsein

♥ = Glücksempfinden, Wohlsein

✚ = kinästhetisches Bewusstsein

— = kinästhetisches Unbewusstsein

**Abbildung 3-9:** Strichmännchen, drei Ebenen des Körpers (Zeichnung: grafikramer.de)

Bereichen, die dazwischen liegen – also nicht besonders bewusst oder unbewusst sind – lassen Sie die Zeichen weg. Finden Sie also die Stellen, die Sie besonders gut spüren oder eben nicht so gut spüren können. Dabei kann es vorkommen, dass diese Stellen bereits mit einem Blitz und/oder Herzen gekennzeichnet sind; es ist genauso gut möglich, dass Sie Stellen Ihres Körpers besonders gut oder schlecht wahrnehmen können, die weder besonders schmerzhaft oder angenehm sind. Kombinationen mit den anderen Symbolen sind also möglich, aber nicht notwendig.

Zeichnen Sie die vier Symbole so ausführlich wie möglich in Ihren gemalten Körper ein, erhalten Sie eine aussagekräftige Repräsentation Ihres Körperempfindens. Eine Anmerkung: Drei Zeichen an der gleichen Stelle sind theoretisch möglich; nur plus und minus schließen einander aus.

Nachdem Sie die Zeichnung vollendet haben, können Sie, um die Interpretation vollständig abzuschließen, noch ein zweites Bild malen, und alle Symbole in dieses übertragen. Das zweite Bild des Körpers ist eine Seitenansicht im Gegensatz zur Frontalansicht des ersten. So ist gewährleistet, dass auch die Beziehung zwischen den Ebenen vorne und hinten aufgeschlüsselt werden kann. Insgesamt bekommen Sie über die beiden Bilder nun relativ einfach aufgezeigt, wie sich die Gewichtung in Ihnen verteilt. Zur Hilfe können Sie in dem frontalen Bild einen Strich senkrecht durch die Mitte machen, so dass sich die linke und rechte Seite offenbaren, sowie einen Strich oberhalb des Beckens, so dass sich die Ebenen oben und unten zeigen. Im Bild der Seitenansicht ziehen Sie den Strich wieder senkrecht mittig durch den Körper und Sie erhalten das Gleichgewicht von vorne und hinten.

Danach können Sie sich selbst lesen und entsprechende Interpretationen vornehmen. Zeigt sich eine große Differenz zwischen den Symbolen auf der einen und auf der anderen Ebene, hat man Hinweise für eventuelle persönliche Neigungen, Konditionierungen, Themen oder Aufgabengebiete im Leben.

### 3.7.6   Kinästhetisches Body Reading

Dies ist die ursprünglichste Form des Body Readings und kann, wenn man es als Erwachsener wieder erlernt, vor allen Dingen über das Spiegeln erreicht werden. In dem Moment, wo man den Körper des anderen erfährt, sich komplett auf diesen einlässt, werden die körperlichen Erkenntnisse spürbar.

Als Erstes sei hier die Muskelspannung erwähnt, vor allen Dingen diejenige, die als unökonomisch in dem zu lesenden Körper fungiert. Dafür gibt es funktionelle Gründe, denn der Körper folgt den Empfindungen, den Gefühlen und den Gedanken. Jedes Zuviel, jede überbordende Intensität, die der eigentlichen natürlichen Anordnung widerspricht, wird so enttarnt. Es ist ein häufiges und auch sicheres Zeichen, wenn sich der Body Reader, nachdem er die Spiegelposition wieder aufgelöst hat, von diesen Spannungen des Anderen befreit fühlt. Auch wenn man selbst einige unökonomische Spannungen in sich trägt (die man nicht direkt als unangenehm empfindet), werden die des Gegenübers doch davon unterschieden und bewusst als unangenehm wahrgenommen. Diese erlebten Spannungen sind sehr häufig auch die zentralen Stellen des Gespiegelten, mit denen anschließend gearbeitet werden kann.

Unabhängig von diesen zentralen Stellen können Sie kinästhetisch auch ein grundlegendes Gefühl für die Energieverteilung im Körper des Anderen gewinnen. Energie ist hier nicht als metaphysische Kraft verstanden, sondern als spürbare Intention. Sie können wahrnehmen, ob die Energie im Körper aufwärts oder abwärts strebt, nach innen oder außen gerichtet ist, oder kreuz und quer verläuft. Diese zeichnet man (oder visualisiert sie innerlich) am besten mit Hilfe von Vektoren oder Richtungspfeilen in ein Körperbild. So bekommt man eine grafische Möglichkeit, den Fluss, die Richtungen und die Energien des Anderen zu begreifen. Es ist sinnvoll, in diese Grafiken auch die erhöhten unökonomischen Spannungszustände einzubauen, und diese mit einer Verdichtung zu symbolisieren.

In **Abbildung 3-10** lassen sich durch kinästhetisches Spüren vier besonders eindringliche Bereiche wahrnehmen: die verdichtete Energie in Becken und Kopf sowie die großen Spannungen in Schultergürtel und Oberschenkeln. Letztere zeigen sich dabei als Epizentrum der Spannung des ganzen Körpers. Spüren Sie mit, ob Sie es ähnlich oder anders empfinden. Sie sind mittlerweile geübt im Spiegeln und in der Lage, Ihre eigenen Empfindungen gelten zu lassen. Wie ein solches Diagramm gedeutet und genutzt werden kann, wird am Ende des Buches in einem Fallbeispiel ausführlich gezeigt. Hingewiesen sei hier schon einmal auf die Richtungspfeile nach oben und unten, die in der konstitutionellen Ausrichtung eine wichtige Rolle spielen. In **Abbildung 3-11** erkennen wir einen in sich nicht eindeutig verlaufenden Fall. Einer starken nach unten gerichteten Spannung in den Beinen und im Gesäß (Pfeil von unten nach oben), ist eine aufwärts gerichtete Energie im Rumpf entgegengestellt, die noch einmal von einer nach unten drückenden Kraft im Kopf konterkariert wird.

Vereinfachen Sie sich die Visualisierung des zu lesenden Körpers. Blitz = muskuläre Spannung; Pfeile = Enge, Verdichtung; Vertikale Pfeile = Richtung der Körperenergie (nach oben nach unten). So entstehen zwei gegensätzliche Energierichtungen, die aufgrund einer konstitutionell eindeutigen Vorgabe der Natur (entweder ausschließlich nach oben oder nach unten) näher zu untersuchen sind. Zur Analyse und Bearbeitung dieser speziellen Richtungen ist es von Vorteil, mit den Prinzipien der Atemformen zu arbeiten, die dem Individuum eine eindeutige und klare Richtung vorgeben – aufgrund ihrer Atemmechanik. Zur speziellen Arbeit damit wird im Anhang auf die Atemformen beim Body Reading näher eingegangen.

Auf einer intuitiven, stillen Ebene ist man beim kinästhetischen Body Reading auch in der Lage, bestimmte innere Bilder des Anderen zu sehen, innere Stimmen zu hören oder innere Gefühle zu erleben. Vielleicht kann man sogar dem Gedan-

# Energieverteilung

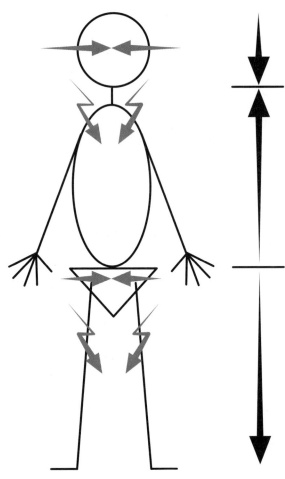

**Abbildung 3-10:**
Energieverteilung im Körper
(© Neustockimages, Getty Images)

**Abbildung 3-11:**
Energieverteilung im Körper – mit Body Reading
(Zeichnung: grafikramer.de)

kengang zuhören oder bestimmte Erinnerungen, die im Anderen auftauchen, miterleben. Dies alles können Besonderheiten sein, die der Gespiegelte vielleicht dem Spiegelnden unbewusst preisgeben möchte. Vielleicht ist auch der Body Reader interessiert daran, genau diese Dinge aufzuspüren und zu erkennen. Auf dieser Ebene – und deswegen wird hier bewusst häufiger das Wort vielleicht verwendet –

spielt die Intuition eine überragende Rolle und so ist diese Technik schwer in Worte und Gesetzmäßigkeiten zu pressen. Gleichwohl: Metaphern, Assoziationen oder wie auch immer geartete eigene Zusammenfassungen sind hier hilfreich und können im Dialog erweitert werden.

- „Ich fühle mich wie ...“
- „So habe ich mich mal gefühlt, als ich damals ...“
- „Ich sehe etwas im Bauch. Sieht aus wie ein Kind ...“
- „Ich höre das Ticken einer Uhr, ganz in der Nähe des Kopfes ...“

So darf es, hypothetisch und vorsichtig, der Spiegelnde ausdrücken; so kann es der Gespiegelte fortführen, wenn er dazu in der Lage ist und es die Situation hergibt.

So unbeschreiblich wie die Wahrnehmungen und inneren Phänomene des Menschen sein können, umso vielfältig können die Erfahrungen in diesem Segment sein. Das Wichtigste im kinästhetischen Body Reading sind aber die Spannungen der Muskulatur, oder anders formuliert: die Epizentren der persönlichen Verkrampfung. Vor allen inneren Stimmen und Bildern stehen die Becken- und Schulterstellungen, die Kontraktionen in Brust, Bauch oder Zehen im Vordergrund. Der Körper spricht und der Body Reader empfängt. Er fühlt den gehetzten Antrieb des Brustkorbs, spürt die Unterdrückung der Bauchorgane, die Probleme bei der Verdauung allen Lebens durch die angespannte Bauchmuskulatur. Er spürt die hochgezogenen Schultern, die an den Schulterblättern ansetzenden Hebemuskeln, die den Hals verengen und zugleich schützen. Er spürt, wie die Muskeln alles dafür tun, um festzuhalten. Dies ist die direkte, authentische und empathische Grundform des Body Readings.

## 3.8  Die Intuition beginnt

Will man alle Methoden und Möglichkeiten des Body Readings zusammenfassen, lautet die Parole: Vertrauen Sie als erstes Ihrer Intuition, Ihrem Bauchgefühl, Ihrem Ursprung und Zentrum. Und das auch, wenn sich die Botschaften bisweilen von den vernünftigen und erklärbaren Vorgaben (auch dieses Buches) unterscheiden. Ohne dass Sie etwas hören, sehen oder begreifen müssen. Es ist die angeborene Fähigkeit eines Menschen, ein Body Reading, das aus sich heraus und ohne Technik funktioniert. Dies ist der berühmte erste Eindruck, ein Gefühl, dass alle Menschen in der Regel haben, wenn Sie einen anderen Menschen das erste Mal treffen.

Dann beginnen Sie mit der Lesung. Betrachten Sie als allererstes die Gesamtorganisation: den Körper im Bezug zum Raum und in seiner biomechanischen Ausrichtung. Nutzen Sie dann die Fähigkeit, bestimmte Epizentren oder Hochburgen der Spannungen und Blockaden abzuschöpfen. Welche Gelenke sind besonders betroffen, wo schmerzt es eindringlich, wo wühlt es mich auf, welche Positionierung fühlt sich komisch an? Was passiert mit mir, wenn ich die Augen so bewege und die gleiche Emphase hineinlege wie das Gegenüber es tut?

Von da aus können Sie in Ruhe viele weitere, sekundäre oder vermeintlich sekundäre Körperstellen erspüren, erkennen und ihnen zuhören. Aus all dem folgt früher oder später eine Analyse, die wie folgt ablaufen kann. Zunächst vergewissert man sich, dass der Körper immer aus seiner inneren Regung heraus spricht; und dass man, wenn es rationale Erklärungen für ein Phänomen geben sollte, diese nur als Zwischenstation zum tieferen körperlichen Ausdruck begreift. Suchen Sie also bewusst stets nach den dahinter hinter liegenden Funktionen der körperlichen Symptome. Und denken Sie obendrein daran: dies ist Body Reading in Interaktion und nicht Ihr Alltag, wo Sie sich Ihre Hände schmutzig machen, den Kopf anstoßen, den Teller fallen lassen, den Autofahrer anhupen und den Schritt zurück machen. Dort ist es häufig unangebracht und viel zu aufwendig, diese tiefer liegenden Funktionen aufzuspüren. Sie könnten, werden es aber nicht, die Body-Reading-Analyse in jeder Situation anwenden. Dafür tun Sie dies umso konsequenter, wenn Sie den Anderen spiegeln.

Die Beschreibungen der einzelnen Körperregionen, die nun folgt, ist keine umfassende Erklärung, sondern die naheliegende Folge der funktionellen Voraussetzungen. Diese sind einfach und kurz gehalten und sollen die grundlegenden Züge der jeweiligen Körperregion herausstellen. Sie können aber auch beliebig verfeinert, intensiviert und noch genauer angeschaut werden. Nutzen Sie dafür das Bild des jeweiligen Abschnittes und spiegeln Sie es intensiv, um genau jenen Körperbereich wahrzunehmen, um den es in diesem Abschnitt geht. Dies ist die Basis, von der aus Sie sich in tiefere und verästelte Regionen vorwagen können.

# 4 Körperanalyse

## 4.1 Die Füße (Sprunggelenke)

Die Grundlagen sind Erdung, Verwurzelung, Halt und Sicherheit. Kein anderes Organ hat eine so offensichtliche Funktion wie die Füße. Die Menschen stehen darauf, auf dieser einzigartigen organischen Struktur. Wenn die Funktion nicht erfüllt ist, verlieren sie den Boden unter den Füßen, können sich nicht mehr halten, ihr Gewölbe bricht ein, der Mensch selbst bricht zusammen.

Das Fußgewölbe, die dicke sehnenartige Aufrichtung im längsseitigen inneren Fußbereich, sticht in der Besonderheit Fuß noch einmal heraus. Denn hier findet die erste Organisation der Haltung statt, die basale Aufrichtung des menschlichen Körpers, die offensichtliche Folge seiner zweibeinigen Bestimmung. Und genau hier kann sie durch das eigene Verhalten gestört werden. Medizinisch nennt man diese Störungen in der Regel einen Senk- oder drastischer Plattfuß. Phänomene, die den menschlichen, therapeutischen Geistern schon lange bekannt sind. Bereits gegen Ende des 19. Jahrhunderts hat man begonnen, diese Phänomene statistisch zu erfassen. Das Auftreten dieser pathologischen Symptomatik hatte seinerzeit die Mediziner (und mit ihr die staatliche Gesundheitsorganisation) aufgeschreckt. Wie bei manch anderer Symptomatik hat sich aber allein durch die Erkenntnis und Erfassung noch nichts getan. Ganz im Gegenteil. Mittlerweile gibt es nur noch sehr wenige lebende Ausnahmen, die ein normal aufgerichtetes Fußgewölbe zeigen. War es vor gut einhundert Jahren noch eine kleine, wiewohl bedeutende Minderheit, die Probleme aufwies, hat sich dies nun umgekehrt. Der Großteil der modernen Menschen ist davon betroffen. Und es werden nicht weniger, sondern mehr.

Dass besonders in den ersten Jahrzehnten des 21. Jahrhunderts diese an sich schon starke Problematik noch einmal verstärkt worden ist, hat gute Gründe. Eine Proklamation des amerikanischen Präsidenten George W. Bush I. aus dem Jahr 1990 verdeutlicht dies. Die Neunziger Jahre sollten die Dekade des Gehirns werden – „the deacde of the brain" (Jones & Mendell, 1999). Damit hat er ausgesprochen, dass die technische Entwicklung bereits damals einen Zustand angenommen hatte, der den hochkomplexen neurologischen Vorgängen im Gehirn entsprach. Und nicht nur das: die Wissenschaftler und Praktiker waren aufgerufen, sich direkt an die Untersuchung und Manipulation der Gehirnstrukturen zu wenden. Das führte zu einer nie für möglich gehaltenen Vernetzung, einer massiven neurobiologischen Neuorientierung.

Die organische Reaktion auf die neurobiologische Ausrichtung kann dementsprechend lauten: das Fußgewölbe – auf der Gegenseite des Kopfes – sieht sich in seiner ursprünglichen Ausprägung einer starken kollektiven Kraft gegenüber: der missverstandenen Überinterpretation des Gehirns. Wird dieses an sich biologisch nützliche Werkzeug zum Anführer des Körpers, handelt man zuwider der biologischen Grundlage, die zu jener kollektiven Problematik der vom Fuße, vom Grundsatz des Leibes her ungenügenden Aufrichtung geführt hat.

So kann man sagen, dass durch die hochpotenten Dekaden des Gehirns – spätestens seit dem Ende des 19. Jahrhundert gibt es auch ohne politischen Ausruf ausschließlich Dekaden des Gehirns – der Mensch viel mehr als vorher seiner körperlichen Wurzeln beraubt wurde. Dies gilt allgemein sowie für die individuelle Persönlichkeit. Denn jeder Mensch wird, besonders im Fuß, einzigartig betrachtet. Es zeigen sich zwar dort sehr wohl die oben aufgeführten kollektiven Tendenzen, aber Form und vor allem Wirkung und Resonanz zu allen aufwärts folgenden Körperbereichen spielen eine individuelle Melodie, vergleichbar mit einem Daumenabdruck am Großzehenballen. In jedem Fall beeinflusst die Gewölbform die gesamte statische Organisation des Körpers, mit Hilfe der Muskeln, Sehnen, Bänder und Gelenke.

Das Sprunggelenk verbindet den Fuß mit dem Unterschenkel und ist anatomisch genau betrachtet eine äußerst komplexe und komplizierte Struktur, die sich aus mehreren Teilen zusammensetzt. Man unterscheidet nicht nur das das obere (OSG) und das untere Sprunggelenk (USG), sondern kann auch das untere Sprunggelenk noch einmal in ein vorderes und hinteres unterteilen. Gelenkbezeichnungen, Bewegungsachsen und -möglichkeiten variieren in den einzelnen Gelenkformen. Für das Body Reading ist die vereinfachte Form, so wie sie der Volksmund kennt und der eigene Körper spürt – nämlich als Einheit –, ausreichend und kann entsprechend gedeutet werden. Gleichwohl spricht nichts dagegen, in bestimmten Fällen, in denen spezifische Areale des Sprunggelenks betroffen sind und in der Analyse herausstechen, diese Feinheiten zu begreifen und sie dann in die individuelle Lesart miteinzubeziehen. In der naheliegenden Betrachtung sorgen drei Fußknochen (Fersen-, Sprung- und Kahnbein) sowie Schien- und Wadenbein für die erste anatomische Struktur, die dem Fuß aufwärts folgt. Das Sprunggelenk ist somit der erste flexible Beweger des Körpers, auch wenn im Unterschenkel im Gegensatz zum Unterarm keine geschickte Rotation möglich ist. Gleichwohl sorgen Schien- und Wadenbein dafür, dass Menschen flexibel auf die statische Organisation im Längsgewölbe des Fußes aufbauen. Bei Fußstörungen wie Senk- oder Plattfuß sind sie permanent gefordert, diese Unwucht auszugleichen. Es erfordert eine Gegenreaktion, um die Statik durch das nach innen gekippten Gewölbe wieder ins Lot zu bringen. Das

bedeutet ein Mehr an Muskelaufwand, an bindegewebiger Elastizität, an Stoffwech-
selversorgung. Der gesamte Kreislauf ist über die Maßen gefordert, auch wenn es
nur marginal ist. Etwas, das vielen Menschen gelingt, um diesen abgestürzten Anteil
im Fuß wieder aufzufangen.

Die Konstruktion des Sprunggelenkes kann man mit einem Stab vergleichen, der
auf einer Kugel balanciert. Auf dieser Grundlage können Sie in jede Richtung kreisen.
Die Bewegungen sind klein, aber vielfältig. Wenn es Ihnen nicht bewusst ist, welch
spannender Vorgang sich dort abspielt, stellen Sie sich hin und kreisen Sie mit Ihren
Unterschenkeln aus dem Sprunggelenk heraus. Sie können diese Bewegung mit dem
Becken, den Armen oder dem Kopf unterstützen oder auch einleiten, und dann mag
es sich so anfühlen, als würden Sie einfach den Anweisungen der anderen Körper-
strukturen folgen; aber vergegenwärtigen Sie sich, dass die Unterschenkel, wenn Sie
Ihren Rumpf bewegen, unerlässlich mitarbeiten; und dass sie eine größtmögliche
Flexibilität bei gleichzeitiger Stabilität gewährleisten. Dies ist beständige Muskel-
arbeit: Lebensausdruck. Ist Ihnen bewusst, warum so eine große Diskrepanz im
Bewusstsein zwischen Unterschenkelbewegung und Unterarmbewegung herrscht?

Die Sprunggelenke und Unterschenkel sind in diesem Abschnitt integriert, da sie
in der Regel direkt der Aufrichtung des Fußes folgen. Sie knicken nach innen oder
außen und zeigen die Labilität an der Stelle, wo der Körper der Basis folgend nach
oben wächst. Die Störungen im Sprunggelenk werden entweder durch die Füße ausgelöst, oder aber sie sind in seltenen Fällen in sich gestört. Das Thema ist jederzeit
offensichtlich: Zu Beginn der Aufrichtung, zur Entwicklung der selbstverantwort-
lichen Persönlichkeit fehlt etwas; es bricht weg. Jeder kann für sich selbst spüren,
was passiert, wenn man im Stehen die Sprunggelenke nach innen oder außen knickt.

Analytisch vielfältiger und für den Anwender leichter zu korrigieren sind die Stellungen der Füße. Leicht zu korrigieren, auch wenn es sich nicht immer leicht anfühlt.
Man kann sie rotieren, verschieben, nach innen und außen, nach vorne und hinten
setzen. Als Analysewerkzeug bietet sich zunächst das Prinzip der linken und rechten
Seite an. Ist der rechte Fuß präpositioniert oder nach außen rotiert, dann kann es gut
sein, dass die Person gerade sachlich ausgerichtet ist; dass sie auf die Wortwahl ach-
tet, dass sie rational und mental aufgeschlossen herüberkommt. Dic gleiche Symptomatik auf der linken Fußseite spiegelt ähnliches in Bezug auf seelisch-emotionale
Aspekte. Diese grundlegenden Interpretationen bedeuten aber nicht, dass sich diese
Person auch oberflächlich so ausdrückt oder dass das eigene Verhalten diesem Menschen bewusst ist. Dazu ein Beispiel: Ein Mensch, den man auf den ersten Blick als
verkopft, akademisch gebildet und sich gewählt ausdrückend wahrnimmt, hat den
linken Fuß nach außen rotiert und auch etwas weiter vorne stehen als den rechten.
Im Gegensatz zu dem Menschen, der seinen rechten Fuß genauso positioniert und
der die gleichen äußeren Verhaltensweisen zeigt, steckt in diesem Menschen das
Bedürfnis, sich einer nicht-rationalen, gefühlsbetonteren Welt hinzuwenden. Viel-

leicht zeigt dies auch der leicht nach links geneigte Kopf oder andere Merkmale, die in Kombination zu dieser Hypothese stimmig sind.

An diesem Beispiel sollte auch deutlich geworden sein, dass es in Kombination mit vielen anderen Körperbereichen und Verhaltensweisen unzählige und immer individuelle Möglichkeiten geben wird. Mit diesen kombiniert man die Grundlagen. Und diese besagen für die Füße: die Seitenenergie beachten und von dieser Basis her, der urersten Bewegungsorganisation des Aufgerichtet-Seins, erkennen, wohin es geht. Zur Mathematik oder zur Kunst, zum Verstand oder zum Herz.

Auf der muskulären Ebene fallen häufig krallenartige Verspannungen im Zehenbereich auf. Was genau dies funktionell bewirkt, erfährt man schnell beim Spiegeln. Zudem bemerkt man, wie viele andere Körperregionen automatisch mitmachen, wenn die Zehen den Takt vorgeben. Was sie wollen, ist klar: Laufen. Vielleicht nur im übertragenen Sinne, aber im Mindesten so notwendig, dass dies körperlich sichtbar wird. So oder so: Man will weg von dem Standpunkt, an dem man sich gerade aufhält. Die Krallen zeigen gleichwohl eine Zurückhaltung, nur eine Andeutung, oder aber, wenn man es denn doch will, dass man in einer falschen Position, behindert, gefesselt oder eingesperrt ist.

In jedem Fall lohnt es sich, vom Fuß ausgehend, auch andere Spannungen der Muskulatur nachzuverfolgen, auszuführen und zu begreifen. Seien Sie sich bewusst, dass die Füße am weitesten von Ihrem denkenden Verstand entfernt sind. Es ist nicht erstaunlich, dass vor allen Dingen über die Positionen und Stellungen der Zehen im gesamten körpersprachlichen Markt die wohl geringste Dichte an Literatur und Methoden vorliegt. Zum einen sind Zehen konstitutionell geprägt, quasi irreversibel; zum anderen sind sie weit weg vom Bewusstsein. Bedenken Sie, dass die Zehen die gleiche körperliche Funktion haben wie ihre Finger; nicht in ihren einzelnen Fertigkeiten, sondern in ihrem Wesen als Körperglied.

---

**Bedeutung der Füße**

Funktion: Stabilität, Halt, Erdung – Aufrichtung, erste Bewegungen

Thema: Verwurzelung; auf der Erde sein; dem biologischen Weg folgend; die urerste Richtung und Ausrichtung

Fragen: Warum stehe ich? Wie stehe ich? Wo drauf stehe ich? Wohin zieht es mich?

**Abbildung 4-1:** Füße (© Jcomp, Getty Images)

## Bildanalyse Füße (Sprunggelenke) (Abbildung 4-1)

Spiegeln Sie zuerst die Füße der Personen auf dem Bild und überprüfen Sie Ihre Erkenntnisse anschließend in dieser Analyse.

Anderer Menschen Füße zu spiegeln, birgt eine gewisse Herausforderung und gleichzeitig auch eine gewinnbringende Erkenntnis. Die Herausforderung besteht darin, dass es häufig nicht möglich ist, die einzelnen Zehen so nachzubilden, wie es in der Vorgabe gegeben ist. Im Gegensatz zu den Fingergliedern sind dem modernen Menschen hier Grenzen gesetzt. Die gewinnbringende Erkenntnis zeigt sich hingegen darin, dass eine exakte Nachbildung der Positionierungen der Zehen auch nicht notwendig ist, um den Körper des Anderen grundlegend zu erfahren. Nicht nur die Statik des Fußgewölbes und die Elastizität des Sprunggelenks sind beim Spiegeln wahrnehmbar, sondern darüber hinaus auch der ganze Körper und seine Spannungszentren. Sie spüren: Es genügt ein einzelner Fuß, um in den Körper eines anderen Menschen einzutauchen.

In diesem Bild interessieren gleichwohl vor allem die Füße. Finden Sie beim Spiegeln dieser Füße einen heraus, der eine gesunde Aufrichtung erfahrbar werden lässt? Oder können Sie ausschließlich Senk- und sogar Plattfüße wahrnehmen? Unabhängig davon: Versuchen Sie auch zu erspüren, in welchen Füßen die größte

Spannung sitzt, welche Zehen verkrampfen und ob die Sprunggelenke nach innen oder außen kippen. Und was macht das, was von der Basis ausgeht, mit dem restlichen Körper, der ihm aufwärts folgt? Trauen Sie sich Ihre eigenen Wahrnehmungen und Interpretationen zu. Denn diese sind das Abbild Ihrer empfundenen Wirklichkeit und fördern Ihre empathische Herangehensweise im Body Reading.

## 4.2 Knie

Die Knie sind bei allen Betrachtungen des Körpers besonders wichtig. Die Orthopäden und Sportmediziner und viele Sport treibende Menschen wissen aus eigener Erfahrung, wie viel Kraft und Druck hier wirken.

Funktionell ist das größte Gelenk des Menschen primär als Scharniergelenk konstruiert, das den Druck des Körpers feinfühlig an den Unterschenkel weiterleitet. Auch die Körpersprache ist einfach und eindeutig und die Interpretation in ihrer Funktionalität leicht nachzuvollziehen: gebe ich mich hin oder wehre ich mich; knicke ich demütig ein oder erhalte ich zwanghaft die Streckung aufrecht? Funktionell gibt es eine weitere Eigenart. Auch wenn leichte Unterschiede verschiedener Konstitutionstypen vorliegen, gibt es kein Knie, dass in der natürlichen Standhaltung des Menschen hundertprozentig durchgestreckt ist. Sind sie es im Einzelfall doch (und der kommt öfter vor, als man meint), symbolisieren sie ein Zuviel an Kraft, ein Mehr an Energie, ein Strecken über das gewöhnliche Maß hinaus. Es kommt nicht selten vor, dass man dies neben dem Spiegeln auch gut ertasten kann.

In Momenten, die weniger Aufmerksamkeit und Anstrengung erfordern, wie dem Liegen, können sich diese Spannungen auflösen. Dann erscheinen diese großen Gelenke als eine Reminiszenz an weiche und flexible Knie, jene losgelöste Zielgerichtetheit, die jeder junge Mensch zur eigenen Aufrichtung, zum eigenen Stehen benötigte.

Ähnlich wie bei den Füßen ist auch beim Knie die große Entfernung zum denkenden Verstand ein Sinnbild für das tiefer liegende Geheimnis dieser Region. Darüber hinaus sind die Knie Vermittler, die andere Bewegungen ökonomisch weiterleiten möchten. Wer sich vorstellt, mit einer gehörigen Portion Trotz wütend zu sein, am besten auf einen anderen Menschen, und diesem die Stirn bieten wollend, kann mit Hilfe der Körperwahrnehmung zunächst leichter andere Regionen entdecken. Wie sich die Stirn-, Augen- und Kiefermuskeln anspannen, wie Bauch und Brustkorb reagieren. Die subtilen Veränderungen im Knie treten hingegen nicht direkt ins Bewusstsein. Sie sind der Steuerung und Willkür zwar grundsätzlich untertan (Beugung oder Streckung), aber die genaue Justierung ist weit weg von der feingliedrigen Arbeit, die beispielsweise die Arme ausführen können, um Gegenstände zentimetergenau zu platzieren.

Für das Knie selbst ist die große Entfernung egal, das Gewicht spielt die größte Rolle. Denn dieses hat es zu verteilen, und zwar auf engstem Raum und ohne dass die Gelenkstrukturen belastet werden. Deshalb ist das Knie gerade im Bereich des Sportes so anfällig. Falsch verstandene Regungen wie Ehrgeiz, Erfolgshunger, Leistungswille oder Siegesmentalität können die Knie aufgrund der massiven Kräfte unvorteilhaft beanspruchen. Wenn Gewichtheber hunderte von Kilogramm stemmen, ist es bereits mit visuellem Body Reading offensichtlich, welche Kräfte wirken; wiewohl es der Gewichtheber in seiner bewussten Ausrichtung deutlich sinnvoller gestaltet als der normale Mensch. Man kann sogar so weit gehen und sagen, dass er im Gegensatz zu vielen anderen Sportlern sich des Grundthemas bewusst ist; dass er weiß, welche grenznahen Körperfunktionen er auslotet; welche Macht er versucht zu brechen, indem er sich mit dem Gewicht einmal in die Streckung aufwuchtet, notfalls auch in die Überstreckung. Wenn er scheitert, wirft er demütig die Eisen nach vorne und beugt seine Knie.

---

**Bedeutung der Knie**

Funktion: Kraftübertragung; Verhältnis zwischen Streckung und Beugung

Thema: Demut und Zwang; Verhältnis zwischen Aktivität und Hingabe

Fragen: Wo will ich mich nicht beugen? Vor wem geh ich nicht in die Knie? Gegen wen kann ich mich nicht wehren? Wem oder was vergebe ich nicht?

---

## Bildanalyse Knie (Abbildung 4-2)

Spiegeln Sie zuerst die Person auf dem Bild und vergleichen Sie Ihre Wahrnehmung anschließend mit dieser Analyse.

Besonders mit Hilfe des kinästhetischen Body Readings sind wir in der Lage, Dinge zu erspüren, die allein mit visueller Betrachtung nicht oder nur selten möglich sind. So spürt man in diesem Bild, dass das Epizentrum der körperlichen Spannung in den Knien liegt, wenngleich Gesicht, Nacken und Gesäß ebenfalls stark tonisiert sind. Die Knie ragen heraus und weisen eine über das gesunde Maß hinausgehende Streckung auf: eine Überstreckung. Es ist an dieser Stelle nicht notwendig, dieses Thema in Bezug auf diesen jungen Mann zu deuten; vielmehr gibt Ihnen dieses Bild die Möglichkeit, genau zu erspüren, was im Körper und konkret im Knie in so einem Fall passiert. Wie reagieren die Strukturen des Knies, die Bänder, Kapseln, Sehnen und Gelenkpartner auf diese Überstreckung? Was bedeutet es für die spezielle sowie die allgemeine Beweglichkeit dieses Menschen, was für das Wesen des ganzen Körpers? Und was genau könnte passieren, wenn man ihn bitten würde, sich woanders

**Abbildung 4-2:** Knie
(© Kritchanut, Getty Images)

hin zu stellen, oder etwas zu tun, was er vielleicht gerade nicht tun möchte? Spüren Sie mit, empfinden Sie nach und überlegen Sie, wie Sie zukünftig bei sich oder anderen Menschen mit dem Thema Knie umgehen wollen.

## 4.3 Beine

Die Beine sind zunächst zu definieren, denn für den einen sind sie ohne die Füße nicht denkbar, für den anderen auch nicht ohne das Becken; doch für die meisten setzen sie sich aus Oberschenkel, Knie und Unterschenkel zusammen. Im Body Reading interessiert weniger die engere Definition als die funktionelle Gesamtschau, und hier insbesondere die anatomisch leicht zu betrachtende Beinachse. Diese stellt die Verbindung von Hüft-, Knie- und Sprunggelenk dar, die im optimalen Fall lotgerecht miteinander ausbalanciert sind. Natürlich mag es auch hier im gesunden Körper individuelle Abweichungen geben – Menschen sind keine geometrischen Maschinen –, und doch ist hier das Maß, das rechte Maß, von entscheidender Bedeutung. In den meisten Fällen lassen sich auf den ersten Blick Abweichungen im Knie oder im Sprunggelenk erkennen (nach innen oder außen), welche häufig spätestens ab dem mittleren Erwachsenenalter zu Problematiken führen können. Entweder in dem abweichenden Gelenk oder den Nachbargelenken. Wenn die Knie nach innen fallen oder drücken, belasten sie diese und die gegenüberliegenden Strukturen auf der Außenseite des Knies (die einen aufgrund zu hoher, die anderen aufgrund zu geringer Beanspruchung). Wer bei einem Klienten dieses Kennzeichen vorfindet, kann zumindest biomechanisch korrekt anbringen, dass Knorpel, Bänder oder Kapsel in Gefahr sind. Vielleicht erfährt man hier sofort eine bejahende Bestätigung; doch auch hier gilt wieder: Die Auswirkungen dieses Phänomen können sich auch ganz anders bemerkbar machen.

Die Deutung der Beine sollte zunächst – ganz wie die Anatomie – allgemein gehalten werden. In der lotgerechten Achse, der Aufrichtung der unteren Extremität, fehlt es an Geradlinigkeit. Ein Knick nach innen oder außen, zum Körper hin (zum Selbst hin) oder vom Körper weg (vom Selbst weg) sind hier die ersten Ideen. Kombiniert man diese mit der jeweiligen Bedeutung der entsprechenden Gelenke, kann man von hieraus weiter in die Analyse eindringen.

Beim kinästhetischen Body Reading spürt man zudem die Spannung in den Oberschenkeln, deren Muskulatur besonders kräftig ist – und das aus gutem Grund. Sie sorgen für das, was den Menschen vorantreibt: das Gehen. Und so ist das Thema auch in seiner einfachsten Form das Gehen oder das Bleiben. Die Kraft, die im Oberschenkel erzeugt wird, ist nur mit der des Kiefers zu vergleichen. Sie ist mächtig und notwendig, denn Menschen wollen gehen, um zu begreifen, zu erkennen, zu lernen und um zu leben. Dieses Gehen ist ein äußeres wie inneres Gehen, eine Symbiose mit Hilfe des seelischen Bedürfnisses. Der klassische Fall in der Analyse ist eine erhöhte Spannung in den vorderen Oberschenkeln und die darauf folgende Interpretation könnte lauten, dass sich dieser Mensch vielleicht jetzt zu diesem Zeitpunkt, an diesem bestimmten Ort, in dieser bestimmten Umgebung, mit bestimmten anderen Wesen, also genau dort, wo er sich aufhält, nicht wohl fühlt. Er würde gerne gehen, tut es aber nicht in letzter Konsequenz, nicht in der tatsächlichen wortwörtlichen Umsetzung. Sein Körper aber, sprich die Oberschenkelmuskulatur, ist bereits in Aktion.

In einem erweiterten Sinne kann das Prinzip des Gehens oder Bleibens auf innere Themen ausgeweitet werden. Selbstkontrolle und Disziplin stehen für das Festhalten in einer statischen Welt; während im umgekehrten Fall des niedrigen Muskeltonus und der schlaffen Beine folgendes sichtbar wird: Unsicherheit, Selbstaufgabe, Depression; die fehlende Bereitschaft zur Bewegung. Beine, die nicht mehr in der Lage sind, angemessen und menschengerecht in Aktion zu treten, sondern verharren.

In beiden Fällen kann sich die verstärkte oder abgeschwächte Spannung deutlich bis in die Unterschenkel fortführen. Harte, unökonomische Wadenmuskeln deuten auf einer noch tieferen Ebene auf das festgefahrene, unterdrückte Stehen, gleichsam auf die Kontrolle der eigenen Regungen hin, die das Abheben initiieren, aber nicht vollführen.

---

**Bedeutung der Beine**

Funktion: gehen oder bleiben; Dynamik oder Stabilisation.

Thema: entscheiden, handeln, in Aktion treten – verharren, stehen bleiben

Fragen: Wovor will ich weglaufen, wovor renne ich weg? Was gefällt mir hier nicht? Woher weiß ich, was richtig ist? Welche Schritte setze ich?

---

### Bildanalyse Beine (Abbildung 4-3)

Spiegeln Sie zuerst die Personen auf dem Bild und vergleichen Sie Ihre Wahrnehmung anschließend mit dieser Analyse.

Auf diesem Bild wird auf den ersten Blick die Synchronizität der Thematik ersichtlich. In der Verkörperung der Leiber offenbart sich nicht nur das Prinzip der Beine, sondern auch die kulturell bedingten Möglichkeiten jenes Körperbereichs. Das Thema der Beine ist das Gehen oder Bleiben, das In-Aktion-Treten oder die Standhaftigkeit. In diesem Fall sehen und spüren wir deutlich die unterdrückte

**Abbildung 4-3:** Beine (© cybergabi, Getty Images)

Aktion, das Trainieren ohne das folgende notwendige Ausüben. Bereits das visuelle Body Reading vermittelt aufgrund der biomechanischen Besonderheiten (Füße und Beine stehen eng aneinander) bestimmte Spannungstendenzen. Darüber hinaus spürt man im Spiegeln leibhaftig die hohen Intensitäten der Beinmuskulatur. Doch nicht alle sind gleich. Versuchen Sie selbst, die einzelnen Personen einzuordnen, von besonders stark nach nicht so stark. Eines steht fest: unter erhöhter Spannung stehen die Beine bei allen Personen, aber nicht bei allen sind sie das Hauptthema. Die Brust und der Nacken stehen bei den meisten Körpern ebenfalls unter starker Spannung, manchmal auch über das Maß der Beine hinaus.

Es ist kein Zufall, sondern kulturell bedingt, dass an dem Ort, an dem für den Krieg geübt wird, auch kriegerische Tendenzen im Körper deutlich sichtbar werden. Das Klischee des Stramm-Stehens und der heraus gestreckten Brust ist kein Klischee; sondern harte körperliche Wahrheit. Diese körperlichen Aufforderungen dienen einer funktionellen Ausrichtung, denn dadurch entsteht das verstärkte Streckpotenzial im Körper, das sicht- und spürbare Verwandeln in eine nach außen zu richtende Aktivität. Ein Potenzial, das in diesem Fall gleichwohl über das gesunde Maß hinausgeht, weil es nicht tatsächlich in die antrainierte Aktion umgesetzt werden kann. Genau darin offenbart sich ein seelisches Dilemma. Denn wie soll man einen Krieg körperlich führen, wenn der Feind im Inneren sitzt; wenn der Gegner nur mental oktroyiert wird, aber nicht leibhaftig vor einem steht?

## 4.4  Rumpf

Der Rumpf ist das Zentrum des menschlichen Körpers und dessen Ursprung; die Wirbelsäule ist das grundlegende Organ des Menschen. Die Definition, was der Rumpf eigentlich ist, geht von ihr aus. So sind Becken, Brustkorb und Kopf originär keine Teile des Rumpfes; gleichwohl es die engsten Verbindungen gibt. Der Brustkorb wird im Laufe der Entwicklung sogar ein Teil des Rumpfes. Doch die Wirbelsäule ist der Kern dieser der drei Zentren, die ihr anbei liegen, und die unabhängig von diesen isoliert als Rumpfzentrum angesehen werden kann. Sie zeigt eine Vorderseite mit zwei Segmenten: Bauch und Brust; auf der Rückseite einzig allein den gleichnamigen Rücken, der gleichwohl in einen oberen und unteren Rücken unterteilt werden kann.

Für die grundlegende Betrachtung fällt der Brustkorb aus, er wird später analysiert. In diesem Abschnitt stehen Rücken und Bauch im Zentrum. Der Rücken als Ausgangspunkt des Rumpfes ist dabei bewusst in seiner Gänze gemeint. Durch das Aufrichten der Muskulatur zieht es den Körper vom untersten Ende empor und formuliert somit eine eindeutige Aufgabe: Mensch, richte Dich auf! Das Gegenstück ist die Beugung, die im Rumpf von der Bauchmuskulatur übernommen wird. Im Gegensatz zu anderen Gegenspielern im muskulären Gleichgewicht des Körpers, können Bauch und Rücken sehr wohl gemeinsam anspannen, was an anderer Stelle nicht möglich ist. Oberschenkelbeuger sind immer in dem Maße entspannt oder angespannt, wie die Oberschenkelstrecker das Gegenstück formen. So erklärt es sich, dass beide Muskelgruppen, Rücken und Bauch, in der Body-Reading-Analyse häufig zugleich zu viel an Spannung aufweisen.

Das Thema des Rückens, die Aufrichtung, wurde in der Übung „Beckenrolle" bereits körperlich verdeutlicht. Die Aktivität in einer über das normale Maß hinausgehenden Leistungsbereitschaft zeigt eine übertriebene Aufrichtung, die für Verspannungen sorgt und die sich auf unterschiedliche und individuelle Art und Weise manifestieren. Das Verhalten der Leistungsgesellschaft, das Credo einer aufgeklärten Welt zeigt: Stramm stehen gibt es nicht nur beim Militär, sondern jeden Tag und in vielen Momenten.

Jemand hat Ihnen etwas zu sagen, und sagt dies nicht gerade so, als dass Widerspruch oder Ergänzung geduldet wären. Er verlangt von Ihnen Unterstützung, braucht sie, damit dies und jenes funktionieren kann. Ein Chef, ein Lebenspartner, ein Freund, ein Kind, ein Kollege oder ein Beamter fordert Sie auf; und Sie sind bereit für den Kampf des Lebens und für das Wunder des Lebens. Inwieweit Sie jetzt aus dieser grundlegenden Notwendigkeit, nämlich einer Handlung bedingt durch soziale Interaktion, eine Reaktion zeigen, die ein normales oder aber ein überbordendes Maß aufweist, ist für den Rücken und seine Strukturen besonders wichtig. Wo ist der Ort, wo ist der Moment, wo aus der inneren Regung, aktiv und vital zu sein, ein über dieses Maß hinausgehendes Verhalten generiert wird? Wie wird eine Reaktion zu solch einer, dass die eigenen Bedürfnisse hinten anzustellen sind, um den Anforderungen der Umwelt mehr als gerecht zu werden?

Im Bauch sitzen die wichtigsten inneren Organe, die entweder direkt oder indirekt etwas mit der Verdauung zu tun haben. Neben diesen lebenswichtigen Strukturen interessiert beim Bauch auch die Muskulatur, jenes dünne und sehnige Gewebe, dessen primäre Funktion die Stabilisation ist. Sie sorgt für das feine Austarieren der Rückenmuskulatur auf der Gegenseite, schützt die Organstrukturen hinter ihr und stabilisiert überdies die Biomechanik des gesamten Körpers. Sie entspricht dem Bild einer gut gezogenen Paketschnur, um aller anderen Funktionen Rechnung zu tragen. Im Gegensatz zur Muskulatur der Beine, der Arme und des Kopfes besteht aber selten eine willkürliche Veranlassung, die Bauchmuskeln isoliert oder dominant zu aktivieren. Die natürlichen Veranlassungen, bei denen die eigentliche Funktion dieser Muskulatur zum Vorschein treten, sind so tief verankert, dass sie in der Regel nicht gestört werden können. Niesen, Husten, Erbrechen, Weinen und Lachen sind markante Auslöser, um das Paket am Bauch sicher festzuzurren in jenen Momenten höchster innerer, existenzieller Impulse. So bekommt man einen guten Eindruck, wie die Bauchmuskulatur funktioniert, und warum sie so funktioniert.

Das erstaunlichste Merkmal der modernen Gesundheitsbewegungen ist die willkürliche Kontraktion der Bauchmuskulatur, die in der Regel auf die inneren Organe und die Wirbelsäule eine selten förderliche Wirkung hat. Denn die Bauchmuskulatur ist so veranlagt, dass sie in all diesen Momenten, wo Spannung aufgebaut werden muss, wo etwas Besonderes passiert, wo der Körper in einer Extremsituation herausgefordert wird, sich automatisch und sinnvoll einschaltet und den Rumpf schützend und unterstützend zusammenhält.

Wenn die Bauchmuskulatur aber pausenlos und willkürlich kontrahiert wird, deutet dies auf existenzielle Dinge hin. Es ist ein dauerhaftes nach innen Schützen, ein Stabilisieren nicht nur der inneren Organe, sondern auch der eigenen Verdauung. Eine Stabilisation des Lebens, ein Festzurren dessen, was man erlebt und was man zu sich nimmt, materiell und immateriell. Physiologisch jedoch ist es notwendig, den Organen, die für die Verdauung zuständig sind, ihren Raum zu lassen; und sie nur dann zu schützen, wenn Gefahr lauert: wenn das Bakterium den Schleim hervorruft, der herausgeschleudert werden muss; wenn der Schmerz und die Trauer erlebt werden wollen; wenn der steile Felsen erklommen werden will.

Da die Bauchmuskulatur so stark an das vegetative Nervensystem gekoppelt ist, wird sie gleichsam unbewusst und automatisch immer dann integriert, wenn sie gebraucht wird. Deshalb ist sie im Vergleich zu vielen anderen Muskeln, auch der Rückenmuskulatur, bei modernen Menschen zumeist ausreichend trainiert. Warum spannt oder trainiert der Mensch dennoch die Bauchmuskulatur über das Maß hinaus an? Um die Verdauung zu behindern. Dessen, was das Leben bringt, das Leben ist, oder was das Leben zu sein scheint. Das hört sich groß an – und ist es auch. Der logische Rhythmus beim Stehen, Gehen, Sitzen und vielen anderen Aktivitäten ist bei gleichzeitiger übertriebener Spannung im Bauch gekoppelt an die Unterdrückung der eigenen Organe, oder emotional betrachtet: das Unterdrücken der eigenen Gefühle, die als Reaktion auf Einflüsse von außen entstehen. Die Erhaltung der eigenen Funktion und die Abgrenzung der eigenen Funktion stehen sich hier gegenüber. Symbolisch werden die Prinzipien der Überwachung, des Vereinnahmens und der Unterdrückung offenbar. In erster Linie für die eigene Funktion des Fühlens. Man fühlt nicht mehr das, was wirklich ist, sondern das, was man fühlen will – oder eben nicht fühlen will.

---

### Bedeutung des Rückens

Funktion: Aufrichtung, Neigung, Rotation

Thema: Pflichtbewusstsein, Autorität, Zwanghaftigkeit

Fragen: Was will ich wirklich? Wem diene ich? Was will mein Körper, was will mein Verstand, was mein Rücken?

| Bedeutung des Bauchs |
|---|
| Funktion: Stabilisation des Rumpfes, Schutz der Organe |
| Thema: Verdauung, Unterdrückung; fühlen, nicht fühlen wollen |
| Fragen: Was löst das in mir aus? Was passiert, wenn ich das anders sehe? Was erlaube ich mir, was verbiete ich mir? |

## Bildanalyse Rücken (Abbildung 4-4)

Spiegeln Sie zuerst die Person auf dem Bild und vergleichen Sie Ihre Wahrnehmung anschließend mit dieser Analyse.

Wer möchte schon freiwillig ein unangenehmes Ziehen und Spannen im unteren Rücken provozieren? Genau das aber ist der Effekt, wenn Sie dieses Bild spiegeln, das in seiner Gesamtheit die moderne, über das Maß hinausgehende Zielge-

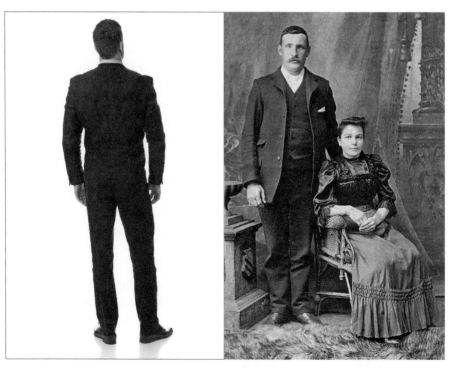

**Abbildung 4-4:** Rücken (© Piotr Marcinski/ EyeEm, Getty Images)

**Abbildung 4-5:** Bauch (© duncan1890, Getty Images)

richtetheit, die über das Maß hinausgehende Bereitschaft und den über das Maß hinausgehenden Aktionismus repräsentiert. Dementsprechend sind Sie froh und körperlich beruhigt, sobald Sie das Spiegeln hier beendet haben. Es versinnbildlicht die leibfeindliche Entwicklung der letzten dreihundert Jahre zugunsten einer kapitalistischen Ethik. Dies wird weniger in Kleidung oder Positionierung des Körpers sichtbar, sondern vor allen Dingen im Körper selbst, im Spannungsgrad der Rückenmuskulatur.

So kann man spüren, wie aus der natürlichen Aufforderung: „Mensch, richte Dich auf", eine unnatürliche Übertreibung wurde, die darin gipfelte, dass es lautete: „Mensch, richte Dich über die Natur (und auch Deine eigene) auf und sei beständig bereit, etwas zu leisten." Sie entscheiden selbst, wie viel und mit welcher Spannung Sie etwas leisten wollen. Die Natur gibt Ihnen dafür einen einfachen Ratschlag: achten Sie bei dem, was Sie tun und was Sie leisten auf die Reaktionen in Ihrem Rücken.

## Bildanalyse Bauch (Abbildung 4-5)

Spiegeln Sie zuerst die Personen auf dem Bild und vergleichen Sie Ihre Wahrnehmung anschließend mit dieser Analyse.

Nicht nur das Alter der Fotografie, die Gegenstände im Bild und die Kleidung der Protagonisten, sondern vor allen Dingen die Körper weisen auf das hin, was man das viktorianische Zeitalter nennt. Es ist unerheblich, ob es sich hier tatsächlich um eine Aufnahme aus dem ausgehenden 19. Jahrhundert Großbritanniens handelt; wichtiger sind die Prinzipien jener Epoche, die hier sichtbar werden. Und die besagen vor allen Dingen: unterdrücke deine Gefühle und leiste deinen Dienst (vor dem König, der Königin, dem Staat, der Kirche, dem Fabrikvorsteher, dem Familienoberhaupt, etc.). Nicht zufällig hat das Korsett in eben jener Epoche eine überragende Bedeutung bekommen. Wie sich das Tragen dieser Vergurtung anfühlt, können Sie im Bauchraum der Frau wahrnehmen. Oder anders gefragt: Was können Sie überhaupt noch wahrnehmen in diesem Bereich außer der Einengung?

Auch ohne ein Korsett tragen zu müssen, offenbart der Mann ebenfalls eine Spannung im Bauchraum, auch hier deutet sich die Unterdrückung der eigenen Natur an. Der Bauchnabel wird nach hinten gezogen, die Verdauungsorgane stehen unter Spannung. Genau diese Form der Spannung ist heute allgegenwärtig. Das Korsett hat mittlerweile ausgedient, die Willkür des modernen Menschen sorgt allein dafür, dass das Gefühl im Bauch dem gleicht, was das Korsett ursprünglich nur mechanisch vorzugeben wusste. Was bedeutet es, wenn man ohne Korsett und ohne in einem sogenannten viktorianischen Zeitalter zu leben, seinen Bauchnabel willkürlich nach hinten zieht? Wie fühlen Sie mit den Menschen, die dies in Ihrer Umgebung häufig tun?

## 4.5  Beckenboden (Geschlechtsorgane) und Gesäß

Der Beckenboden ist eng mit den Geschlechtsorganen verbunden, die Gesäßmuskulatur ermöglicht die Außenrotation im Hüftgelenk. Beide Bereiche haben direkt mit der Beckenstellung (vgl. Kapitel 2.3) zu tun, können aber sowohl im Zusammenspiel von dieser und der jeweils anderen Funktion getrennt und in eigenen Intensitäten vorkommen. Eine Steilstellung des Beckens mit stark gespanntem oder entspanntem Gesäß, mit offenem oder geschlossenem Beckenboden ist genauso möglich wie sämtliche Varianten in der Beckenkippung oder der Normalstellung. Gleichwohl bieten sich häufige Verknüpfungen an, so zu sehen in der Kombination von Steilstellung des Beckens und mittlerer Anspannung im Gesäß oder im starken Verschluss des Beckenbodens verbunden mit einer mittleren bis hohen Spannung im Gesäß-Segment. Dennoch ist jeder Fall einzeln zu betrachten und individuell zu verstehen. Das, was alle drei Funktionen eint, ist das Becken: die Basis des Rumpfes.

### 4.5.1  Beckenboden

Der Beckenboden bildet das untere Ende des Rumpfes und genauso kann man ihn auch verstehen: als Stütze von unten. Es gelten die gleichen Funktionsprinzipien wie bei der Muskulatur des Bauches. Der Beckenboden ist vegetativ veranlagt, wirkt stabilisierend, sowie schützend und verengend, wenn es notwendig ist. Bei Frauen ist dieser Bereich noch deutlicher an der Sexualität beteiligt als bei Männern, und die Body-Reading-Prinzipien der Geschlechtsorgane in Kombination mit dem Beckenboden sollen hier für beide gelten.

Es gibt eine Trias, die das Konzept einer inneren Blockade vieler heutiger Menschen widerspiegelt: die Kombination von Spannungen in Kiefer, Bauch und Beckenboden. Ihnen ist gemeinsam, dass sie den freien Ausdruck unterdrücken, im Fall des Beckenbodens zunächst primär den der Sexualität, der Lustempfindung, des sich Auslebens; darüber hinaus aber auch als mächtige Störquelle der unwillkürlichen vegetativen Vorgänge dienen. Es sind in der Regel die gleichen Regungen, die auch bei der Bauchspannung unterdrückt werden.

Aufgrund der Intensität und Bedeutung der sexuellen Lustempfindung wird auch die geistige und seelische Entsprechung intensiv ausfallen. So intensiv, dass sie nicht wie viele andere Erfahrungen des Body Readings benannt werden will. Die sexuelle Macht lässt sich umarmen und erleben, aber nicht vollständig regulieren. Eindrucksvolles Beispiel ist die östliche yogische Tradition, in der die Kundalini-Energie beschrieben wird. Deren Sitz wird am unteren Ende des Rumpfes, am Beckenboden verortet und reicht von dort die Wirbelsäule hinauf bis über das Schädeldach hinaus. Jene gegensätzliche Energie (Kronenenergie) wird dabei mit geistiger Erleuchtung gleichgesetzt. Die Beckenbodenenergie (Wurzelenergie) ist die Grundlage für dieses Bestreben, der Beginn der körperlichen Erleuchtung, die Urfunktion des Lebens in einem biologischen Sinn.

Der Beckenboden symbolisiert Offenheit oder Verschlossenheit, und kann nur dann richtig erfahren werden, wenn man zunächst die Technik des Spiegelns anwendet. Viele andere Phänomene lassen sich mit ein wenig Übung, besonders wenn man über starke visuelle Ressourcen verfügt, auch äußerlich wahrnehmen; der Beckenboden verlangt ein Mindestmaß an kinästhetischer Empathie. Dann spürt man die Zentrifugalkraft des Verschlusses, das Ziehen nach innen, und man begreift den Unterschied zwischen Durchlässigkeit und Blockade, zwischen dem Fluss des Lebensstroms und dem Verhindern, Erstarren und Absterben desselben.

---

**Bedeutung des Beckenbodens**

Funktion: Sexualität, Auffangbecken

Thema: Fluss, Lust; Verschluss, Starre, Tod

Fragen: Was halte ich zurück? Was will ich nicht in mich eindringen lassen? Was passiert, wenn ich mich gehen lasse? Was fühle ich, wenn ich anderer Menschen Aufforderungen, Einladungen, Ablehnungen höre?

---

## 4.5.2  Gesäß

Die Deutung dieser Funktion ist allen anderen Deutungen in seiner Einfachheit und Klarheit voraus. Es ist die simple Bereitstellung des Ausscheidens; nicht nur dessen, was vor allem durch den Mund hineinkommt, sondern auch dessen, was über die Haut, die Schleimhäute und die Sinnesorgane aufgenommen werden kann. Darüber hinaus bezieht sich das Ausscheiden auch auf das, was die gesamte Persönlichkeit aufnimmt und anschließend verdauen muss. Das Prinzip ist einfach und lautet: Ausscheidung des Aufgenommenen. Die Verarbeitung der Nahrung, der körperlichen, wie der mentalen und emotionalen. Es ist das Ergebnis der inneren Verhandlungen, des internen Stoffwechsels. Der Beckenboden ist verbunden mit äußeren Reizen, seine Funktion wird wirksam in der Begegnung mit dem Anderen, in der Interaktion zwischen uns. Das Gesäß als Sinnbild spiegelt hingegen die Interaktion in und mit mir. Lasse ich los, lasse ich raus, lasse ich gehen? Oder halte ich fest? Wenn ja, wie fest?

Was festgehalten werden soll, ist variabel; nur dass festgehalten wird, ist ersichtlich. Sie können in der Regel häufig an anderen Körperbereichen erkennen, welche Themen sich schlussendlich (!) im Gesäß auswirken. Das Gesäß ist aber kein Mitspieler, sondern ein einzelner Akteur auf der Bühne des Körpers. Er repräsentiert das

Prinzip des Haltens, die Reminiszenz an eine Urfunktion, die in diesem Fall eine einfache und naheliegende Übereinstimmung des Body Readings mit der klassischen Psychologie erlaubt. Stichwort: anale Phase. Bei diesem Stichwort, dem Festhalten, belassen Sie es beim Body Reading aber nicht, denn Sie wollen wissen, was genau festgehalten wird. Dazu werden Sie die anderen Körpersegmente mit einfließen lassen müssen. Sehr häufig findet man unterdrückte oder nicht verarbeitete Gefühle, die an anderen Stellen im Körper bereits offenbart werden und im Tonus der Gesäßmuskulatur ihre Bestätigung und Entsprechung finden.

---

**Funktion des Gesäßes**

Funktion: Außenrotation, Streckung; Ausscheiden

Thema: Loslassen/Festhalten

Fragen: Was ist im Leben Schlechtes passiert? Was halte ich fest? An was erinnere ich mich ungern? Was bekommt mir gerade nicht so gut? Was halte ich aus?

---

## Bildanalyse Beckenboden und Gesäß (Abbildung 4-6)

Spiegeln Sie zuerst die Person auf dem Bild und vergleichen Sie Ihre Wahrnehmung anschließend mit dieser Analyse.

Die Person auf dem Bild steht allgemein unter starker Spannung; vor allen Dingen die Muskeln im Kiefer, den Schultern und im Gesäß arbeiten über das normale Maß hinaus; die Beckenbodenkraft aber ragt in ihrer Intensität noch einmal heraus. Das Thema der Verschlossenheit wirkt in diesem speziellen Fall besonders eindringlich, weil die Absicht dieser Aufnahme das genaue Gegenteil abbilden will. Es geht um Offenheit und die Bereitschaft, sich einzulassen. Unterstützt werden soll die Botschaft durch einen ästhetisch ansprechenden Körper, der auf das Neue (das Bessere, das Großartige, das Produkt etc.) mit stark positiver Mimik hinweist. Ein Signal – sofern man dieser ästhetischen Vorgabe folgen mag –, das einen verstärkenden Impuls beim Betrachter erzielen soll, eine in der Werbung sehr häufig angewandte Strategie. Man kann es deutlicher sagen: eine hübsche Person wirkt auf den Betrachter anziehend und regt das Interesse und die Lust an. Warum? Weil die äußerlichen Signale archaische Funktionen wecken, lustvolle Empfindungen initiieren. Die aufwendigen Schminke und Kleidungsarrangements in diesem Bild unterstützen den beabsichtigten Reiz, vervollkommnen die Verführung.

Spiegeln wir nun den Beckenboden, offenbart sich ein Widerspruch. Denn das, was anziehend wirken soll, ist fest und unbeweglich. Das, was sexy sein soll, ist gar nicht so sexy. Und das, worauf hingewiesen werden soll, ist dementsprechend auch nicht sexy. Sollte man hingegen die Verkrampfung des Beckenbodens übersehen, unter Umständen selbst einen ähnlichen starken Zug aufweisen, dann ist das, was dort körperlich Modell steht, wie für den Körper des Betrachters gemacht. Dann könnten die Produkte, auf die hingewiesen werden soll, ebenfalls anziehend wirken; weil das Vorbild positiv betrachtet werden kann, da es der eigenen körperlichen Voraussetzung entspricht.

Die Spannung im Gesäß ragt in diesem Bild nicht heraus, gehört aber gleichwohl zu den deutlich erhöhten und vom Normalzustand abweichenden Segmenten. Mit Hilfe des Spiegelns sind wir hier in der Lage, zu erfahren, welchen unterschiedlichen Ansatz diese beiden Hilfsfunktionen des Beckens wählen. Das nach innen Ziehen des Beckenbodens und das nach innen Drücken des Gesäßes. Wollte man versuchen das Gesamtbild dieser Persönlichkeit mit Hilfe der zunächst wahrgenommenen Spannungen zu übersetzen, könnte man folgende Abfolge beschreiben. Wir erkennen den zurückgehaltenen Ausdruck der Gefühle in den Schultern, speziell den der Wut im Kiefer. Manifest wird diese Zurückhaltung und emotionale Starre in der angespannten Gesäßmuskulatur. Der Effekt dieses Kreislaufes drückt sich vor allen Dingen in den gestörten Funktionen des Beckenbodens aus.

**Abbildung 4-6:** Beckenboden
(© Paffy69, Getty Images)

## 4.6 Brustkorb

Die Brust und der Brustkorb sind die ersten Bereiche, die mit der bewussten Aufmerksamkeit in Verbindung stehen. Zugleich sind sie das Epizentrum des gefühlsmäßigen Erlebens. Organisch beinhaltet der Brustkorb die Lunge als Resonanz und das Herz als Motor des Lebens. Am oberen Ende des Brustbeins setzt das Schlüsselbein an als Schlüssel zu einem Neubeginn, zum Ausdruck der inneren Regungen, zur Darstellung dessen, was wir fühlen. Für die Gestik spielt dieser Urimpuls zwischen Brustbein und Schlüsselbein die erste Geige und die entscheidende Rolle im Miteinander der Menschen. Hier entsteht die natürliche Balance zwischen menschlichen Gefühlen, zwischen Leidenschaft und Zurückhaltung.

Die Aktionen und Reaktionen der zwischenmenschlichen Interaktion sind niemals nur physischer oder geistiger Natur, sondern in jedem Fall auch emotional. Selbst der nüchterne und sachliche Ausdruck ist geprägt von emotionalen Grundlagen, die in solchen Fällen zwischen Leidenschaft und Zurückhaltung eine nüchterne Balance finden. Auch besonders analytische Menschen, die in Momenten dramatischer Erlebnisse kühlen Kopf bewahren und vermeintlich nicht emotional reagieren, repräsentieren auf diese Art und Weise nur ein sinnvolles (oder in manchen Fällen auch nicht sinnvolles) Steuern der tatsächlichen Emotionen. In einem sachlichen Gespräch können somit die verbalisierten Fragen, Antworten, Berichte und Ausdrücke und die diesen zugrunde liegenden Emotionen nur minimal ausgeprägt sein.

In allen nicht sachlichen Interaktionen aber kommt die besondere Botschaft des Emotionalen zum Vorschein. Vom Raum des Herzens empfangen, vom Brustraum geführt, strömt das Schreien, das Lachen, das Weinen aber auch laut oder leise werden und still sein. So kann eine feste Brustmuskulatur ein Hinweis sein auf die Schwierigkeit des Ausdrucks, bis hin zu einem nicht schreien, weinen oder lachen können: eine häufige Form der emotionalen Unterdrückung, die in der Brust besonders intensiv erlebt werden wird. Sie kann sich auch in den Schultern, in den Händen, im Beckenboden oder anderen Körperbereichen zeigen; im Brustraum aber hat sie ihr Epizentrum.

Dies zeigen auch die besonderen Funktionen der Lunge, die im Gegensatz zum Herzen deutlich auffälliger an der Motorik des Körpers beteiligt ist. So weitet und verengt sich der blockierte Brustkorb nicht in dem Maße wie es natürlich wäre, so dass nicht das volle Potenzial der Lebendigkeit ausgeschöpft werden kann. Was sich bei einem Asthmatiker zu einer extremen, häufig unbewussten Form ausweiten kann. In diesem wie in allen anderen Fällen genügt es, als erste Erkenntnis der körperlichen Reaktion auf das Leben, die Achtsamkeit auf den Atemfluss zu legen. Einer gefühlvoll erlebten Wirklichkeit wird dann vom Brustbein ausgehend Rechnung getragen und diese wird über Schlüsselbein, Schulterblatt, Arm, Hand und Finger verfeinert und ausgedrückt. Den Ursprung findet man in der Brust, die Variationen der Darstellung folgen in Schulter, Arm oder Hand.

| Bedeutung des Brustkorbes |
| :--- |
| Funktion: Atmung, Lebenssicherung |
| Thema: Gefühlsausdruck, Zurückhaltung; Lebendigkeit, Einschränkung |
| Fragen: Was macht mich traurig? Was schenkt mir das Leben? Wann wurde mein Ausdruck abgelehnt? Wie fahre ich aus der Haut? |

## Bildanalyse Brust (Abbildung 4-7)

Spiegeln Sie zuerst die Personen auf dem Bild und überprüfen Sie Ihre Erkenntnisse anschließend mit dieser Analyse.

Freundlich, oder besser gesagt gefühlvoll, schaut keine der fünf Personen in die Kamera. Nun ist es auch nicht die Aufgabe von Geschäftsleuten, aus vollem Herzen

**Abbildung 4-7:** Brustkorb (© monkeybusinessimage, Getty Images)

zu sprechen, aus tiefer Freude zu verhandeln, sondern ihre Aufgabe ist es, knallhart zu kalkulieren und zu argumentieren. Ist es dafür notwendig, den Brustkorb entsprechend fest zu halten? Wie fühlt es sich für Sie an, wenn Sie die fünf Personen spiegeln? Können Sie Unterschiede in der Intensität wahrnehmen? Ist es ein Zufall, dass die zwei Männer ein höheres Potenzial an Brustspannung und dort festgehaltener Energie aufweisen als die Frauen (die nichtsdestotrotz auch unter erhöhter Spannung in jenem Segment stehen)?

Alle unterstützen das Festhalten der Gefühle mit entsprechenden Gesten der Arme. Dabei präsentiert die Frau ganz rechts im Bild eine Paradoxie, nämlich den offenen Herzraum und die gleichsam festhaltenden Muskeln an derselben Stelle. Fragen Sie sich nicht nur bei ihr: Wie viel Vertrauen schenke ich dieser Person? Wie würden Sie sich fühlen, wenn diese fünf Personen Ihnen jetzt so gegenüberstehen würden? Ist es okay, weil Sie selbst auch knallhart kalkulieren und argumentieren wollen?

## 4.7 Schultern

Die Schultern nehmen eine herausragende Rolle im Body Reading ein, weil sie den Ausdruck des Menschen am schnellsten zeigen. Das ist zunächst rein funktionell zu verstehen. Der Mensch profitiert davon, wenn er sich so ausdrückt, wie er es will. Dass er mit seinen Händen Handlungen vollzieht: das Winken, das die Hand geben, das Abschütteln, das Ohrfeigen, das Streicheln, das Schreiben, das Werfen oder das Fangen. All diese Manipulationen der Hand (lateinisch: manus) sind notwendige Aktionen und Reaktionen lebendiger Organismen. Im Tierreich sind diese beim Mensch besonders ausgeprägt, aber nicht einzigartig. Das boxende Känguru, der Flügel schlagende Schwan oder der Pfötchen gebende Hund manipulieren auch; doch der Mensch ist mehr als alle anderen Tiere auf seine Hände angewiesen und nutzt sie entsprechend häufig. Der Begriff Manipulation ist in vielerlei Hinsicht zutreffend, denn die emotionale und geistige Manipulation gehen hier Hand in Hand mit den ausgeprägten emotionalen und geistigen Fähigkeiten beim Menschen. Doch auch diese besitzt er nicht exklusiv, sondern hat sie seiner Familie zu verdanken. Viele andere Primaten haben ähnliche Manipulationsfähigkeiten, sind ebenso behände wie die Menschen.

Die Schulter vermittelt zwischen dem Impuls der Regung in der Brust und dem Vollzug in den Händen. In einem ausgeklügelten Zusammenspiel mit dem Schulterblatt und dem Oberarmknochen reicht der Arm in fast alle Richtungen, ist in der Lage sich zu drehen und aufgrund seiner langen Hebel größere äußere Kräfte zu überwinden. Aufgrund dieser Flexibilität ist die Anfälligkeit im Schultergelenk auch besonders groß: das Auskugeln des Knochens, das Reizen, Zerren oder Reißen von

Sehnen, Bändern und Kapsel. Sämtliche Unstimmigkeiten kann man orthopädisch und funktional begreifen, weshalb es ausgeklügelte Beobachtungen und Erklärungen für den Rhythmus zwischen Schulterblatt und Oberarm gibt. Allein dieses komplexe Zusammenspiel zwischen diesen beiden Gelenkpartnern zeigt die Besonderheit der Schulter. Das Thema und die Interpretation sind so einfach wie naheliegend. Das Gefühl des Ausdrucks entspringt in der Brust, die richtige Vermittlung in die entsprechende Manipulation bewerkstelligt das Schultergelenk. Sie ist der Vermittler zwischen Gefühl und Ausdruck, und die jeweilige Position der Schulter gibt darüber ein Urteil.

Hochgezogene Schultern schützen den am gefährdetsten Körperbereich des Menschen, die Kehle, vor einer äußeren Bedrohung. Nach unten gezogene oder tiefe Schultern symbolisieren Dominanz und Macht, indem sie zeigen, dass diese heikle Körperstelle ruhig angegriffen werden kann. In vielen alltäglichen Situationen entspricht die Schulterposition aber nicht der realen Begebenheit. Denn selten wird man tatsächlich an der Kehle angegriffen. Es herrschen aber innere, zum Teil chronische Gefühle der Furcht vor, die der Körper somit zum Ausdruck bringt. Sie spiegeln die stetige Auseinandersetzung mit dem Gegenüber, den Kampfmodus, obwohl doch eigentlich gerade nur gesprochen oder miteinander gearbeitet wird.

Etwas anderes zeigt die Rotation der Schulter, die sich vorgebeugt oder nach hinten zurückgezogen darstellen kann. Eingedrehte Schultern schützen auch, denn sie verengen den oberen Brustkorb, bewachen symbolisch die Thymusdrüse, die über dem Herzen thront. Jene Drüse ist Teil des menschlichen Abwehrsystems und ihre Besonderheit wird dadurch ersichtlich, dass sie im Gegensatz zu anderen Abwehrorganen des Körpers wie der Milz und den Mandeln lebensnotwendig ist. Da die anatomische Innendrehung schlecht vor äußeren Gegnern schützen würde, dient diese Abwehrreaktion also den inneren Bedrohungen. Sie formen sich aus Selbstgesprächen, aus negativer Betrachtung, dem inneren Angriff gegen die eigene Persönlichkeit. Dies kann sich so äußern, dass man sich vor vermeintlichen Bedrohungen schützt, indem man beispielsweise nicht an bestimmte Orte geht oder bestimmte Menschen trifft. Doch es sind nicht die Orte oder Menschen, die von Bedeutung sind, sondern die im Inneren auf sich selbst wirkenden Gefühle.

Die zurückgezogenen Schultern sind ihrer Funktion nach das Ausholen einer Bewegung nach vorne. Dies ist eine eigentümliche Bewegung, die andersherum sehr selten verläuft, indem man nämlich die Schultern kurz nach vorne rotiert, um sie schließlich nach hinten zu schleudern. Stattdessen aber findet die Manipulation am Ort des Bewusstseins statt, auf der Vorderseite des menschlichen Körpers. Das Ausholen geht deshalb nach hinten und bringt anschließend die notwendige Kraftkoordination, den Schwung und die Elastizität mit nach vorne. Sind die Schultern chronisch nach hinten gezogen, wird diese Ausdruckshandlung unterdrückt. In vielen Fällen handelt es sich hier um festgefahrene Wut, denn diese nicht gelöste Bewegung diente ursprünglich einem Schlag nach vorne. In anderen Fällen sind es spezielle, persönliche Manipulationsmuster, die durch ein Zurücknehmen oder Ausholen angebahnt, aber nicht ausgeführt werden. In jedem dieser Fälle handelt es sich um eine Unterdrückung des Ausdrucks der inneren Regungen.

Die Lateralität der Schultern wurde bereits angesprochen und darf an dieser auffälligen Stelle noch weiter ausgebaut werden. Alle Kombinationen der beiden Seiten sind dabei denkbar und anzutreffen. Beide Seiten können gleichzeitig oder einzeln vor, zurück, nach oben oder unten gezogen sein. Diese Beobachtungen können dann in subtil vorgebrachter Art und Weise erfragt werden. Ein Beispiel: die rechte Schulter ist nach oben gezogen und nach hinten rotiert, die linke Schulter nach vorne. „Ist es möglich, dass Sie auf einer intellektuellen, mentalen Ebene genug haben von den Meinungen anderer, dass Sie vorsichtig und abwartend sind; und gleichzeitig wütend wegen dem vielen Nonsens, den andere Menschen Ihnen erzählen? Auf der Gefühlsebene senden Sie dies aber nicht als Aggression oder Vorwurf an die Anderen, sondern primär an sich selbst – als eigene Unfähigkeit damit umzugehen." Diese Deutung kann möglich sein oder auch nicht. Sie macht dann Sinn, wenn auch weitere Anzeichen des Körpers für diese Form der Interpretation sprechen. Die grobe Annäherung mit Hilfe der Schultern ist aber einer der ersten Aufhänger für visuelles Body Reading. Denn sie sind gerne und schnell bereit, Auskunft zu geben.

---

**Bedeutung der Schultern**

Funktion: Basis der Manipulation, Bewegungsumlenkung

Thema: Vermittlung zwischen Gefühl und Ausdruck

Fragen: Wem möchte ich etwas sagen? Wen möchte ich schlagen? Kann ich alles sagen, was ich möchte? Fällt es mir schwer zu sagen, ich fühle mich so und so? Ist das, was ich zu sagen habe, kongruent zu dem, was ich fühle?

---

## Bildanalyse Schultern – oben/unten (Abbildung 4-8)

Spiegeln Sie zuerst die Person auf dem Bild und überprüfen Sie Ihre Erkenntnisse anschließend mit dieser Analyse.

Dass die Schultern deutlich nach oben gezogen werden, erkennt man auf den ersten Blick: Gleichzeitig wird gelächelt und obendrein die Arme verschränkt. Ausdrucksharmonisch ist diese Person nur bedingt. Der erste Gesamteindruck ist der einer falschen Freude, von jemanden, der innerlich ablehnend ist, weil er sich unbedingt schützen will. Doch erst mit dem Spiegeln kommt eine ungemeine Wucht in dieses Bild, eine regelrecht überbordende Spannung, ein derart heftiges Ziehen an

**Abbildung 4-8:** Schulter oben/unten
(© studio35ist, Getty Images)

den Schultern, das alle anderen Erscheinungen verschwindend gering werden lässt. So bleiben das Lächeln und die verschränkten Arme als letzte, oberflächliche Äußerungen einer Persönlichkeit, die im beständigen Muster der Abwehr arbeitet. Es ist ein Wittern, vorsichtig sein, Abschätzen, Hinterfragen, Ablehnen: das stete Gewahrsein vor möglichen Gefahren. Die Urfunktion des Schutzes und die Verbindung zur Schulter werden in diesem Bild eindrucksvoll zum Nachspüren vorgelebt.

## Bildanalyse Schultern – vorne/hinten (Abbildung 4-9)

**Abbildung 4-9:**
Schulter vorne/hinten
(© Image Source,
Getty Images)

Spiegeln Sie zuerst die Personen auf dem Bild und überprüfen Sie Ihre Erkenntnisse anschließend mit dieser Analyse.

Die Synchronizität der Manipulation in diesem Bild ermöglicht dem Betrachter einen umfassenden Blick auf die Rotationspositionen der Schultern und ihrer Bedeutung. Beide Personen geben und nehmen zugleich; in den Schultern hingegen arbeiten sie ausschließlich nach vorne oder nach hinten. Diese Formen der Rotation haben, wie man hier sehr gut begreifen kann, wenig mit der Art der Bewegung zu tun. Man kann also etwas nach vorne reichen oder nach hinten ziehen und dennoch einen Spannungsgrad der Muskulatur aufweisen, der dem eigentlichen Auftrag zuwiderläuft; oder der diesen übermäßig unterstützt. Dies kann man sehr gut und häufig beim Händeschütteln wahrnehmen, wo entweder die Schulter trotz des offenen Miteinanders nach hinten zieht oder devot nach vorne dreht. Die Rotationsstellungen der Schulter übernehmen dabei die Sprache für die internen Spannungen, die sich entweder akut auf die Situation beziehen oder aber als dauerhafte mentale Programme abgespeichert sind. Sie erscheinen dabei häufig in der Ich-Position: „Ich mag sie nicht", „Ich will von Dir das haben", „Ich fühle mich nicht gut dabei", „Ich kann das nicht", „Ich muss Dir was beweisen", „Ich Trottel!" Gemeinsam ist ihnen eine Form der Interaktion. Entweder als Reflexion des Selbst oder als Reflexion des Umgangs mit der Außenwelt. Diese Reflexionen werden selten verbalisiert, wenn doch, dann häufig in extremer Form (große Wut; wehmütiges Beklagen).

In diesem Bild sind wir sehr auf die Hilfe des Spiegelns angewiesen. Die vom Betrachter entfernt liegenden Schultern beider Frauen sehen wir in beiden Fällen nur marginal; und auch die dem Betrachter zugewandte Schulterseite der linken Frau scheint auf den ersten Blick im Gleichgewicht zu liegen. Die nach vorne rotierte Schulter der rechten Frau ist als einzige visuell zu begreifen, die drei anderen Schultergelenke benötigen ein mitfühlendes Erleben. Sodann spürt man bei der linken Frau einen beidseitigen Zug nach hinten, in der linken Schulter stärker als in der rechten. Gleiches gilt für die rechte Frau, nur dass hier die Übertreibung nach vorne und innen zielt. Unterstützt wird das Thema Zurückhaltung und Unterwerfung durch die Blicke (links: das Ganze im Blick; rechts: die Person im Blick) und die Kopfhaltungen (links: nach hinten geschoben; rechts: nach vorne geschoben).

Es wäre möglich, dass die starken Spannungen der beiden Frauen in den Schultern durch den Zustand ausgelöst worden sind, sich in dieser Situation erstmalig und gezwungenermaßen (Werbeaufnahme) begegnet zu sein. Und während der Rest des Körpers versucht, den beruflichen Anforderungen gerecht zu werden, führen die Schultern ein authentisches Eigenleben. So könnte man interpretieren: die linke Frau fühlt sich gar nicht wohl mit ihrer Partnerin und denkt vielleicht auch nicht sonderlich gut über sie. Die rechte Frau fühlt sich hingegen gewissermaßen klein, weil sie gerne dies oder jenes hätte, was die andere Frau hat und ihr selbst gerade fehlt. Sie denkt wahrscheinlich auch positiv über ihr Gegenüber, vor allem im Vergleich mit sich selbst. Genau dieses Szenario hätte sich in dem Moment der Begegnung abspielen können und in diesem Bild festgehalten worden sein. Dennoch tun Sie beim Body Reading immer gut daran, davon auszugehen, dass das, was Sie sehen, auch das ist, was Sie in einer anderen Situation sehen würden. Dabei ist es hilfreich, das aktuelle Setting in einen tieferen Bezugsrahmen zu setzen. In dem konkreten Fall könnten wir uns auf das Bild bezogen folgende Fragen stellen: Warum fällt es der einen wie der anderen schwer, für ein professionelles Zusammenkommen Gefühle und erst recht die Gedanken außen vor zu lassen? Welche generellen Voraussetzungen müssen gegeben sein, damit ich jemandem andere etwas neide oder mich von ihm fernhalten will? Wie kann es sein, dass in einer bestimmten Situation, in der es sich nicht um existenzielle Angelegenheiten handelt, meine Reaktion auf das Gegenüber derart ausschlägt, dass es in meinem Körper offensichtlich wird?

Übertreibungen, Gegenbewegungen und jedes Zuviel, was das natürliche Gleichgewicht aus den Fugen bringt, sind immer ein Anzeiger für ein besonderes Thema. Und für Sie die Möglichkeit, sich direkt und ohne Umschweife für die zentralen Merkmale dieser Persönlichkeit zu interessieren. Die Rotationen der Schultern sind sehr mächtige Stimmungsanzeiger der mentalen Programme, die sich auf das beziehen, was wir im Inneren wie im Äußeren zu manipulieren beabsichtigen.

## 4.8  Arme, Hände und Finger

Arme, Hände und Finger sind der weitere und abschließende Kanal der Manipulation. Aufgrund der starken Rotationsfähigkeit im Unterarm und der Oppositionsfähigkeit des Daumens entstehen die unterschiedlichsten Varianten. Im Rahmen der Körpersprache gibt es in vielen *Vokabelheften* zahlreiche Belege für Armhaltungen, Handhaltungen und Fingerpositionen; sie sind die gestischen Anker, mit denen in der oberflächlichen Körpersprache primär hantiert wird. Besonders die Finger sind wie manche Gesichtsmuskeln sehr gut willkürlich anzusteuern und deswegen nicht nur ausführend bei, sondern auch anfällig für Manipulationen. Im Body Reading sind Feinheiten wie die Analyse der Finger und deren Stellung nur als Ergänzung zu sehen, wenn sie nicht besonders im Körperbild herausstechen.

Die erste und wichtigste Analyse findet in der Rotation des Armes und somit der Stellung der Hände statt. Sind sie zugewandt (Handinnenseite zeigt nach vorne), abgewandt (Handrücken zeigt nach vorne) oder in einer neutralen Position? Wie ist es um die tatsächliche Bereitschaft bestellt, auf den anderen zuzugehen; etwas wirklich zu geben und wirklich zu empfangen? Die abgewendeten Hände lassen auf eine nach innen gekehrte Haltung schließen, so dass kein Geben und Nehmen entstehen kann. In einer Sitz-Meditation zeigt sich, wie beide Varianten der Armhaltung sinnvoll sein können. Sie werden in solchen Fällen mit dem Bewusstsein verwendet, dem eigenen Anliegen zu folgen. Entweder der Vereinigung mit dem Kosmos (Hände nach oben gewandt auf die Oberschenkel legen) oder dem Rückzug in die innere Stille (Hände nach unten gewandt auf die Oberschenkel legen).

Die Arme und Hände sind das Mittel der Beziehungen, stehen am Ende der Ausdruckskette und sind, wenn Sie verändert werden wollen, vom Schultergelenk zu organisieren und vom Brustkorb einzuleiten. In der menschlichen Wahrnehmung und der realen Konfrontation nehmen Arme, Hände und vor allem Finger eine überragende Rolle ein. Sie bilden in der Regel die Summe aller anderen Anteile, führen sie aus, sind sozusagen die Exekutive. Der Gesetzgeber aber findet sich im Brustraum, bisweilen zusätzlich auch im Kopf oder anderen Regionen.

---

**Bedeutung der Arme, Hände und Finger**

Funktion: Ausführung der Manipulation; Aktion, Reaktion

Thema: bewusste Beziehung, verfeinerter Ausdruck

Fragen: Wem öffne ich mich, vor wem schließe ich mich? Warum zeige ich auf dies oder jenes? Was berühre ich mit meinen Händen, und was empfinde, fühle oder denke ich dabei?

---

## Bildanalyse Arme/Hände 1 (Abbildung 4-10)

Spiegeln Sie zuerst die Person auf dem Bild und überprüfen Sie Ihre Erkenntnisse anschließend mit dieser Analyse.

„Herzlich Willkommen in meinem Büro!": Das könnte man vorschnell aus diesem Bild folgern. Wer spiegelt, dem stellen sich derlei Bilder anders dar. Das Lächeln wirkt aufgesetzt und nicht nur der Arm und die Hand, die sich Ihnen entgegenstrecken, sondern auch die andere Hand, die versteckt am Computer weilt, stehen unter großer Spannung. Wie ist das bei Ihnen, wenn Sie jemanden die Hände geben? Können Sie dies weich, harmonisch und ohne erhöhte Intensität ausführen? Und warum macht diese Person es mit so einem enormen Aufwand? Hier werden die Arme und Hände, die Mittel der Manipulation, zum Sinnbild für übertriebene und überbordende Energien. Ein Grund könnte ein unangenehmes Gefühl der Unsicherheit sein, welches sich auch in der nach oben gezogenen rechten Schulter offenbart. Ein Tipp: Lassen Sie den Willkommensgruß von innen herausströmen, dann folgen Arme und Hände entsprechend ökonomisch diesem zugrunde liegenden Gefühl. Und dann wirkt der Gruß auch herzlich, so dass derjenige, der damit angesprochen werden soll, sich auch tatsächlich willkommen fühlen kann.

**Abbildung 4-10:** Arme und Hände 1 (© Mykhailo Lukashuk, Getty Images)

## Bildanalyse Arme und Hände 2 (Abbildung 4-11)

Spiegeln Sie zuerst die Personen auf dem Bild und überprüfen Sie Ihre Erkenntnisse anschließend mit dieser Analyse.

Wer ein großer Schauspieler werden möchte, der hänge sich Poster von herausragenden Komikern an die Wand; wer ein berühmter Musiker werden will, der nehme die Idole des Pop-Business; wer ein Fußballprofi werden will, orientiere sich an den Größten des Sports; wer hingegen einen weichen und entspannten Körperausdruck anstrebt, dem empfehle ich Bilder von Kindern aufzuhängen. Als Vorbild, als Mahnmal an die ursprüngliche Aufgabe, als Erinnerung an das, was in unseren Körpern schlummert. Bislang haben wir für die Beispiele der einzelnen Körperregionen ausschließlich besonders verspannte „Vorbilder" ausgewählt, Hinweise und Sichtbarmachung aufgezeigt von dem, was nicht sein soll. Es spricht nichts dagegen, ist im Alltag sogar als Hilfestellung vorzuziehen, die positiven Aspekte der Körperharmonie hervorzuheben. So wie in diesem Bild. Das Thema bleiben die Arme und Hände, die hier augenscheinlich in Aktion treten. Beim Spiegeln merken Sie – vielleicht seit vielen Jahren das erste Mal wieder –, wie leicht und mühelos man etwas anfassen, halten und transportieren kann; wie gestischer, funktioneller Ausdruck mit innerer Leichtigkeit harmoniert; was Bewegungsökonomie in seinem wahrsten Wortsinne bedeutet.

**Abbildung 4-11:** Arme und Hände 2
(© portishead1, Getty Imges)

Und doch spüren wir auch hier, wenn auch nur ganz marginal, das, was wir in den einleitenden Kapiteln als Bruch in der Entwicklung des Menschen bezeichnet haben. Spätestens mit Eintritt ins Schulalter, mittlerweile dank der Minicomputer auch schon früher, wird aus dem angeborenen ökonomischen Bewegen häufig ein Zuviel, ein nicht förderliches Wollen. Der Junge ist in seiner Weichheit naturgerecht, das Mädchen aber zeigt bereits in der linken Hand, die das Seil der Dosen hält, eine leichte Anspannung, ein kleines bisschen Mehraufwand, was irgendwann dazu führen kann, dass sie, wie die Frau auf dem vorherigen Bild, Arme und Hände nicht mehr ökonomisch gebrauchen kann. Um dem entgegen zu wirken, orientieren Sie sich nicht an den Erwachsenen, nicht an den Körpern der Moderne, sondern an natürlichen Vorbildern. Auch diese (siehe der Junge) können halten, tragen, anfassen, und dies sogar im metaphorischen Sinne. Sie bleiben dennoch eins mit sich und ihrem Körper.

## 4.9  Hals und Nacken

Stellen Sie sich ein lustiges Märchen vor, in der eine Gruppe von Menschen auf einer weit entfernten Insel auf andere Menschen trifft, die ihren Kopf nicht auf dem Hals, sondern vor dem Bauch tragen. Der Hals der Menschen besteht in diesem Märchen aus einem kleinen Stumpf, der die Region des Bauchnabels mit dem Kopf, der davor gelagert ist, verbindet. Am oberen Ende des Rumpfes, oberhalb des ersten Brustwirbels, ist in diesem Märchen nur Luft. Es wäre fahrlässig, auch wenn es sich nur um ein Märchen handelt, den Kopf ohne Hals vor dem Bauch zu platzieren und den Hals als in die Höhe ragenden Stumpf auf dem Brustkorb aufzusetzen. Denn der Hals ist untrennbar mit dem Kopf verbunden und ermöglicht erst nahezu alle seine Funktionen.

Der Kehlkopf, die Stimmbänder, die ganze sprachliche Artikulation findet hier ihren Ausgang, alle Sinne und Schaltzentralen, die im Gesicht oder Gehirn gebraucht werden, haben im bedeutenden Hirnstamm ihren Ursprung, der am oberen Nacken seinen Ausgangspunkt besitzt – und nicht erst im Schädel. Der Hals ist das Regulativ des Höchsten, die Verbindung zwischen Kopf und Rumpf, das Engpasssymbol aller Wirbeltiere.

Anatomisch bieten Hals und Nacken – so die gängigen Bezeichnungen für das vorne und hinten – einen fein austarierten Stab, auf dem die annähernde Kugel Kopf balancieren kann. Physiologisch laufen hier gebündelt die wichtigsten Leitbahnen der Gefäße und Nerven zusammen. Ganz besonders fällt auf: im oberen Nacken wird aus dem peripheren, gleichseitigen Nervensystem ein peripher überkreuztes System. Hier wird eine Verdopplung der Organisation kreiert, die Möglichkeit der Reflexion angelegt, die Selbstbeobachtung angebahnt, Willkür und Bewusstsein verankert. Hals und Nacken sind Vermittler zwischen Leib und Herr. Bewusst lautet die Bezeichnung hier „Herr", denn in überwältigender Art und Weise haben Herren in den letzten 3000 Jahren für eben jene Spaltung zwischen den Bereichen Kopf und restlicher Körper gesorgt, die sich unvorteilhaft auf das Leben auswirken kann. Diese Spaltung zeigt sich besonders in den Momenten der Artikulation, in denen nicht klar ist, wer die Botschaft sendet: der Leib oder der Kopf.

So ist das Thema offensichtlich die Kommunikation – und zwar zunächst die interne: wie stehen meine leiblichen Bedürfnisse in Beziehung zu meiner willkürlichen, innerlich wie äußerlich ausgesprochenen Motivation? Das gilt auch für Bedürfnisse aller anderen Organe des Kopfes abseits des Gehirns. Ermüdete Augen, mit Druck beschallte Ohren oder verstopfte Nasen können auch von einer inneren Abspaltung zeugen.

Wie trage ich den Kopf? Leicht oder schwer, mit gelöstem oder gespannten Nacken? Der Nacken ist ein einfacher und auch ohne Kenntnisse des Body Readings leicht zu begreifender Fall von Stressbarometer. Wobei der Stress, so scheint es, in der ersten Instanz vom Gehirn ausgeht. Da es zu glauben scheint, dass Persönlichkeit, Charakter, Selbst oder welche umfassenderen Begriffe man auch verwenden mag, von diesem Organ ausgehen, quasi ihm gehören oder dort maßgeblich gebildet werden. Immerhin: das Gehirn hat in solchen Fällen in einem Punkt Recht. Die maßgebliche Struktur, die den Körper grundlegend ausmacht, ist nervlicher Natur; sie ist allerdings am anderen Ende des Nervensystems beheimatet und hat wohlweislich dafür gesorgt, dass das Gehirn in der Ausbildung als letztes Puzzlestück entwickelt worden ist. Es soll allen anderen Strukturen dienen und sie nicht anführen. Es sollte sich bewusst sein, dass Kommunikation, innere wie äußere, ihren Sitz im Hals hat. Von dort spreche ich aus, da bin ich gelöst oder glucke beim Lachen.

Im Nacken balanciere und stabilisiere ich oder ich spanne an, halte fest, ziehe hoch oder drücke herunter. Oder anders: ich bin gestresst, ich stresse mich. Ist der Stress animalisch und wird ausgelebt, ist er lebensnotwendig. Ist er chronisch und verharrend, stört er. Es entsteht ein Ungleichgewicht zwischen körperlichem, emotionalem und artikuliertem Bedürfnis und der störenden mentalen Bestimmung.

---

**Bedeutung von Hals und Nacken**

Funktion: Stabilisation, neurologische Verdopplung, Basis des Gehirns

Thema: Vermittlung Gehirn und Zentrum; Artikulation, externe und interne Kommunikation

Fragen: Wie trage ich meinen Kopf? Was stresst mich? Was möchte ich sagen? Kann ich meinen Nacken als Hirnstamm wahrnehmen?

---

## Bildanalyse Hals und Nacken (Abbildung 4-12)

Spiegeln Sie zuerst die Person auf dem Bild und überprüfen Sie Ihre Erkenntnisse anschließend mit dieser Analyse.

„Peace! Frieden!": Und das gleich doppelt, denn in jeder Hand wird das berühmte V-Zeichen formiert. Diese positive Einstellung offenbart sich auch im Lächeln und in den Augen. Vorschnell könnte man meinen: was für ein wohlwollender, weichherziger und friedfertiger Mensch. Wer spiegelt, entdeckt das Dilemma. Nämlich einen Hals, der zusammengezogen und eingequetscht zwischen Rumpf und Kopf sitzt, der den Kopf nach vorne stößt, dem es an Luftvolumen und freiem Blutfluss mangelt, der nicht weich und locker die Kommunikationsstelle zwischen Ich und Leib ausbalanciert. So können wir vermuten, dass diese Geste sehr wohl einer guten Absicht, dass dieses Lächeln sehr wohl einer fairen Gesinnung entspringt; gleichwohl: all diese Intentionen haben ihren Ursprung im Kopf (siehe Abbildung 3-5 auf Seite 41). Als Body Reader erkennen Sie, dass zumindest der Rest des Körpers nicht gefragt wurde, ob es gerade angesagt ist, für den Frieden einzustehen.

Einen ähnlichen Fall können wir hier nicht abbilden; aber eindringlich darauf hinweisen. Geben Sie im Internet „Kniefall von Warschau" ein, erscheinen zahlreiche Aufnahmen jener legendären Demutsgeste des damaligen deutschen Bundeskanzlers Willy Brandt aus dem Jahr 1970. Es gibt mehrere Perspektiven dieser Aufnahme; zum Spiegeln benutzen Sie am besten die Seitenansicht. Das Gefühl im

**Abbildung 4-12:** Hals und Nacken (© Goodboy Picture Company, Getty Images)

Hals, was sich dann einstellt, entspricht dem obigen Beispielbild und auch dem, welches wir sehr häufig im Alltag in den unterschiedlichsten Situationen antreffen. Nun ist aber jener Kniefall, jene berühmte Geste, ein hochgradig politischer Akt gewesen, ein Symbol der Völkerverständigung, auf das bis heute beständig hingewiesen wird – und der vielleicht bedeutendste körperliche Akt eines hohen Politikers seit Heinrichs sprichwörtlichem Gang nach Canossa. Bedeutet nun die Spannung im Hals, die interne Gespaltenheit, dass diese Aktion nicht dem wahren Kern dieses Menschen entspricht? Eine zur Schau gestellte Demut? Im Gegenteil: Gerade in der Geste selbst wird die Demut ersichtlich. Die gebeugten Knie, der nach vorne gesenkte Kopf und die Verbeugung des Rumpfes. Ein Ausdruck als Zeichen dringlicher Notwendigkeit zur Verarbeitung der emotionalen Erfahrung. Dass diese Geste dennoch nicht voll umfänglich harmonisch abläuft, nicht weich vom Body Reader gespiegelt werden kann, liegt womöglich an der Intensität. Denn wenn das, was hier entschuldigt werden soll, vollständig körperlich ausgedrückt werden will, geht dies leichter mit einer vollständigen Kapitulation: mit bebendem Brustkorb und schauderndem Zittern. Mit hemmungsloser, unbändiger Trauer. Nicht nur der Hals würde sich darüber freuen.

## 4.10 **Kopf**

Der knöcherne Schädel ist gelenkig mit den obersten beiden Halswirbeln verbunden und balanciert auf diesen. Selten ist das Gleichgewicht eines Menschen derart gestört, dass man eine deutliche Verschiebung des Kopfes nach links oder rechts wahrnehmen kann. Häufiger hingegen ist eine über oder sogar gegen das konstitutionelle Merkmal hinaus gehende Verschiebung in der Horizontalebene zu beobachten, ein übertriebenes Vor oder Zurück. In beiden Fällen werden sämtliche Leitbahnen (biochemische wie biomechanische) am Übergang von Kopf und Hirnstamm verschoben. Es kommt zu Einschränkungen und Chronifizierungen. Dies gilt auch in der Bewegung des Kopfes als Sinnbild des funktionellen Denkorgans. Ein nach vorne oder nach hinten mit dem Kopf ausgerichtetes mentales Verhalten.

Das eigentliche vor und nach hinten Schieben des Kopfes geht aus jenen besonderen, archaischen Situationen hervor: Zurückschrecken, Abstand halten, das Gesicht nach hinten ziehen; andererseits: etwas wittern, sich neugierig nach vorne stürzen oder zum Kuss hinneigen. Hier bewegt sich der Kopf in natürlicher Weise am Gelenkrand, drängt nach vorne oder zieht sich zurück, greift an oder schützt sich und bringt den Rest des Körpers nicht in biomechanische Probleme. Denn die Anatomie des Kopfes wird lediglich für diesen einen Moment instinktiv in Position gebracht. So wandert er, oft und intensiv im Leben, vor und zurück. Das Entscheidende: nach dem Vor und Zurück, dem schräg nach unten oder schräg nach oben, dem Hin oder Her, bringt sich der Kopf nach dem Tun wieder in seine konstitutionell bedingte Mitte, wo er sich am wohlsten und am entspanntesten fühlt.

Alle Themen des Kopfes sind interaktiver Natur, sinnlich erfahrbar und häufig sprachlich begleitet – abgesehen von Extremsituationen wie Naturgewalten. Das Auskosten der Möglichkeiten des Sehens, des Hörens, des Redens, des Schmeckens und des Riechens sind die Grundbedürfnisse und doch ist die begleitende Aktion des Kopfes dabei nicht im Bewusstsein verankert. Man kann sich nicht satt sehen, jauchzt vor Vergnügen, leckt sich die Finger ab, hört genau hin: Verhaltensmuster, die den Kopf automatisch mitbewegen und in die Interaktion einbeziehen. Genau wie jene Aktionen, die das Miteinander, die sinnliche Erfahrung und jegliches Eintauchen zu vermeiden suchen. In einem entsprechenden Maße wird das Verhalten von einer sprachlichen Kongruenz begleitet. Das sehe ich nicht gern. Das hört sich gut an. Riecht es nach Gewitter?

Statt klarer Artikulation und naturhafter Kopfbewegung bildet sich aber häufig ein vom Denken arg verstörtes Ausdrucksdefizit. Wenn man es grundlegend anerkennt, ist der nach hinten verschobene Kopf abwartend und vorsichtig, vor allen Dingen im Denken; der Kopf, der nach vorne strebt, symbolisiert das Vorwitzige, Dominante oder Auffordernde. Dies ist allerdings nur eine einfache Deutungsebene, die kombiniert werden muss mit der realen mentalen, sprachlichen oder auch sinnlichen Ausdrucksweise, die sich gegenteilig oder synchron entwickeln kann.

Am Kopf lässt darüber hinaus gut die komplexe Wechselwirkung aller Körperbereiche zeigen. Der nach vorne geschobene Kopf symbolisiert ein mentales, sinnliches Vorwärtsstreben. Etwas Ähnliches könnte man in der rechten Schulter deuten, wenn diese deutlich nach unten gezogen wird, was ebenfalls mentale Dominanz und Unerschrockenheit symbolisiert. Im letzteren Fall aber ist es ein Ausdrucksverhalten der Schulter, deren Ursprung im Gefühl sitzt. Im Falle des Kopfes ist zwar das Gefühl beteiligt, jetzt aber greifen bewusste selbstreflektorische Kräfte mit ein und bringen den Schädel in die entsprechende Position. Dementsprechend sind die tiefer liegenden Erkenntnisse, wie die der Schultern, in der Analyse vor die Stellung des Kopfes zu setzen. Gleichwohl ist die Kopfstellung in vielen Fällen ein sehr starkes, weil leicht zu begreifendes Element im Body Reading.

Der Kopf, als Konglomerat seiner biologischen Gesamtheit (Gehirnstrukturen, Sinnesorgane), ist der am leichtesten zu manipulierende Bereich des Körpers – im guten wie im schlechten Sinne. Die Position des Kopfes hingegen kann man nur schwerlich manipulieren. Denn sie ist eine klare und sehr schnelle Ausdrucksmöglichkeit der eigenen Bedürfnisse. Nicht nur bei einer Niederlage im Sport, sondern bei jeder anderen persönlichen oder kollektiven Niederlage sinkt der Kopf automatisch nach vorne, auf die Brust Richtung Herz, um den Blick abzuwenden, von dem was man wahrnimmt.

---

**Bedeutung des Kopfes**

Funktion: Balance, Sinneserfahrung, Reflexion

Thema: mentale Organisation, Behauptung, sprachliche Zustimmung/Ablehnung

Fragen: Was willst Du hier? Was will ich von Dir haben? Wie denke ich über Gefühle und Empfindungen nach? Was ist Denken?

---

## Bildanalyse Kopf 1 (Abbildung 4-13)

Spiegeln Sie zuerst die Personen auf dem Bild und überprüfen Sie Ihre Erkenntnisse anschließend mit dieser Analyse.

Überschrieben wird dieses Bild im Fotoarchiv mit: „Glückliches Paar sitzt mit Versicherungsagenten vor dem Laptop". Wie glücklich das Paar wirklich ist, lässt sich an den Kopfhaltungen ablesen. Denn während die Frau den Kopf nach vorne schiebt, ist dies beim Mann genau anders herum. Er zieht ihn zurück. Der Versicherungsagent wiederum schiebt ihn ganz seinem Auftrag folgend etwas anzubieten

nach vorne. Zur feineren Analyse: Wie glücklich oder begeistert (in dem sie den Kopf interessiert nach vorne streckt) die Frau hier wirklich ist, ist nicht eindeutig zu klären. Fest steht aber, dass sie sich bei ihrem Mann festhalten muss. Das kann entweder daran liegen, dass dieses Angebot, was den beiden gerade unterbreitet wird, so sensationell gut ist, dass sie sich kurz anhalten muss; es kann aber genauso gut auch sein, dass es so unpassend oder aufdringlich ist, dass sie sich deswegen hilfesuchend an den Mann klammert. Hier hilft die Frage: Wann waren Sie das letzte Mal bei einem Versicherungsangebot so aus dem Häuschen, dass Sie sich nicht mehr halten konnten?

Die Krux des Bildes ist im Kopf sowie im Gesicht des Mannes zu erkennen. Denn jener symbolisiert Zurückhaltung, Unsicherheit, Abwendung. Da mag das Lächeln versuchen, dem entgegen zu wirken, allein: es wirkt beim Betrachter eher als Preisgabe der Lächerlichkeit dessen, was er sieht oder hört. Wenn er, wie das bei Werbeaufnahmen der Fall sein kann, auf dem Laptop gar nichts oder etwas der Sache nicht Dienliches sieht oder der Verkäufer gar kein großartiges Angebot ausgesprochen hat, dann lächelt er über seine eigene Schauspielerei. Leicht erkennbar für den Body Reader, aber schlecht für das Geschäft. Immerhin einer weiß, wie man Geschäfte macht. Der Verkäufer ist hier der einzige, der sich wirklich Mühe gibt und der seinen Körper entsprechend seiner Aufgabe auch korrekt zu positionieren weiß.

## Bildanalyse Kopf 2 (Abbildung 4-14)

Spiegeln Sie zuerst die Personen auf dem Bild und überprüfen Sie Ihre Erkenntnisse anschließend mit dieser Analyse.

Es lohnt sich sehr, auch dieses Bild zur Analyse der Kopfbewegungen hinzuzunehmen, obwohl es in vielerlei Punkten dem vorherigen ähnelt. Denn wieder sind es

der Verkäufer und die Frau, die den Kopf nach vorne schieben, also Interesse und Zugewandtheit symbolisieren; und wieder ist es der Mann, der genau das Gegenteil macht. Wer nun aber genauer schaut und tiefer spürt, dem eröffnen sich hier noch feinere Welten der Analyse. Da wäre zunächst der ungläubige und auch leicht verängstigte Blick der Frau, der womöglich einen guten Grund hat. Denn der Verkäufer hält einen Stift in der Hand, den einerseits die Frau gut gebrauchen könnte, um sich Notizen zu machen auf dem Block, den sie in der Hand hält; der anderseits aber auch als Drohgebärde gedeutet werden kann. Das viel für das Thema „Bedrohung" in diesem Bild spricht, offenbart sich dann, wenn wir den Mann genauer spiegeln. So spüren wir nämlich ein hohes Spannungspotenzial im Kiefer, zwischen den Schulterblättern, im Oberarm sowie in den Händen. Kurzum: hier werden Muskelketten aktiviert, die in Aktion treten, wenn man kurz davor ist, jemanden zu schlagen. Auch das Lächeln offenbart dem selbst ungeübten Körperleser die Präsentation einer aggressiven Kraft. Dieser Mensch zeigt also auf dem Bild in deutlicher Art und Weise, dass er wütend ist und bereit, gleich einen Kampf zu beginnen. Die sich langsam zu Fäusten ballenden Hände warten nur darauf.

Nun ist auch dieses Bild, wie es offensichtlicher nicht sein könnte, ein bewusst zur Verfügung gestelltes Werbematerial. So könnten wir leicht attestieren, dass den Darstellern hier bis auf die Mimik und das entsprechende Kleiderarrangement leider keine weiteren Erklärungen zum körperlichen Verhalten gegeben worden sind – und genau diese misslichen Feinheiten nun dem Body Reader auffallen. Genau diese Feinheiten und ihre Auswirkungen dürfen Sie sich aber nun auch als eine Verallgemeinerung vergegenwärtigen: Fällt mir die aggressive Grundstimmung, die eigentlich positiv wirken soll, bewusst auf, können mich der Inhalt und das, was verkauft werden will, abschrecken. Genauso gut kann es aber auch anziehend wirken, nämlich dann, wenn man Aggression und Geschäftemachen positiv miteinander in Verbindung bringt. Nehme ich die Aggression nur unbewusst wahr, gelten die gleichen zwei Möglichkeiten. Mein Unbewusstes kann entweder ablehnend reagieren („Der Mensch ist ja richtig aggressiv. Was da verkauft werden soll, muss gefährlich sein.") oder zustimmend („Wenn ich etwas kaufe, bin ich auch immer aggressiv. Ich kann gar nicht anders, wenn es um Geschäfte geht. Das, was ich da sehe, entspricht genau meinen Vorstellungen von Geschäftemacherei.").

Seien Sie sich darüber im Klaren, dass wir Menschen – ganz wie es die Mehrabian-Studie belegt – vor allen Dingen auf die Körpersprache achten, wenn visuelle Werbebotschaften uns begeistern wollen. Und seien Sie sich darüber hinaus im Klaren, dass ihre Zustimmung oder Ablehnung an Ihre eigene konditionierte Herangehensweise gebunden ist. Haben Sie sich also schon immer für bestimmte Motive, Ausdrucksweisen oder Personen begeistern können, haben Sie jetzt die Gelegenheit, diese zu spiegeln und dadurch zu erfahren, welche inneren Motive Ihrerseits in dem von Ihnen bevorzugten Bildmaterial gespiegelt werden. Von hier heraus haben Sie ab sofort die freie Wahl, sich zu entscheiden.

## 4.11 Kiefer

Am Schädel hängt der Unterkiefer; dort arrangiert sich jene gelenkige Verbindung, deren Funktion im Tierreich eine herausragende Rolle einnimmt. Allerdings nicht bei allen Tieren im gleichen Maße. Raubtiere besitzen viel Kraft im Kiefer und behaupten sich damit, während Schildkröten ganz andere selektive Überlebensstrategien entwickelt haben. Die Funktion des Kiefers wird von mehreren Muskeln gewährleistet, der sogenannte Kaumuskel (Musculus masseter) ragt hierbei besonders heraus. Trotz seiner geringen Größe ist dieser Muskel der stärkste Skelettmuskel des Menschen – nicht nur relativ, sondern auch absolut. Das Beißen, das Reißen oder das Schreien sind stärker ausgebildet als die Kraft der großen Beinmuskeln im Oberschenkel oder die zentralen Strecker der Wirbelsäule. Dieses Exklusivmerkmal des Kaumuskels hat gute Gründe: der Allesfresser Mensch benötigt für sein Überleben kräftige Kaubewegungen. Fleisch, Nüsse oder bestimmte Gemüsearten, die lebendigen Mittel seiner Umwelt, bedürfen einer intensiven Bearbeitung. Erdbeeren, Kirschen oder andere im Mund zergehende weiche Nahrungsmittel sind im Nahrungsspektrum die Ausnahme.

Die zweite Funktion der Kiefermuskulatur sind die Lautäußerungen. Der Mensch als besonders soziales Tier verfügt über die vielfältigsten Interaktionsmöglichkeiten, muss schmeicheln, erklären, berichten, diktieren oder behaupten, um den spezifischen Regeln seiner Gruppe, Sippe oder der Partnerschaft zu folgen. Vergleicht man den Menschen mit seinen nächsten Verwandten, wird offensichtlich, dass das Reden und Verbalisieren für die Komplexität an Empfindungen, Gefühlen und Gedanken, als Verfeinerung des Ausdrucks die notwendige Eigenschaft ist. Die

Stärke des Muskels erklärt sich dadurch aber nicht, denn jene Verzärtelungen und Spezifizierungen der Sprache sind entwicklungsbiologisch ein später erschienener Bonus. Ursprünglich notwendig sind Brüllen, Schreien, Knurren, Zerren, Ziehen und Malmen. Diesen aggressiven Urlauten gleichgesetzt sind die angenehmen Möglichkeiten des Kiefers: das Auskosten der Nahrung, das Saugen, Lecken und Schlecken. Egal ob als Aggression (Brüllen) oder als Lustgewinn (Saugen), sie stehen in Bezug zu einer hormonellen Reaktion, einer innerbetrieblichen Aufforderung.

Die archaischen Bewegungen wie Brüllen oder Saugen sind funktionell einfach, im Gegensatz zu den hochkomplexen Sing- und Sprachmustern, die sich später entwickeln. Dafür verbrauchen die Urprinzipien aber deutlich mehr an Kraft. Man kann stundenlang reden, aber nur kurze Zeit schreien. Der Energieaufwand ist sehr unterschiedlich. Das zeigt: Das Kiefergelenk sichert zum einen die Existenz durch Nahrungsaufnahme und dient zum anderen der primären sozialen Interaktionen, zunächst zur Hinwendung, dann zur Verteidigung, zum Saugen und Beißen, zum Küssen und Schreien. Deutlich mehr Kraft braucht der Muskel in den aggressiven Varianten. Wenn es in den Kampf geht, wenn er bellen, fauchen und brüllen muss. Es kommt selten vor, dass Tiere ihren Kiefermuskel aktivieren, ohne ihn danach auch in eine wie auch immer geartete Aktion umzusetzen. Wenn es doch einmal vorkommt, so zeigen Katzen eindrucksvoll, wie dies naturgerecht zu bewerkstelligen ist: Sie schütteln nämlich ihre Kiefergelenke anschließend aus, wenn sie Vögeln oder anderen unerreichbaren Objekte mit instinktiver, aggressiver Hinwendung zugeschaut haben. Sie lösen die große Spannung im Kiefer. Die Katze spürt, dass sie den Vogel nicht erreichen kann, und zieht das aggressive Angebot zurück.

Es ist biologisch nicht erstaunlich, dass der am meisten verspannte Muskel der heutigen menschlichen Welt der Kiefermuskel ist. Er weicht in der Regel stark von seinem normalen Tonus ab und es ist eine Ausnahme, trifft man Erwachsene, deren Kiefer im Ruhetonus liegen. Daraus folgt eine akut oder chronisch unterdrückte Aggression. In einem der Stärke der Spannung einhergehenden Maße. Kein Schreien, Beißen, Knurren, Grollen, Reißen oder Zermalmen; kein Widerspruch, kein Einspruch, keine Vergebung.

Es geht dabei nicht um die Frage, ob der Mensch von Natur aus aggressiv ist, sondern um biologische Konstanten, die den Körper unwillkürlich animieren. Derlei Animationsaufforderungen sind in der modernen Welt häufiger als man denkt. Ab einem bestimmten Dezibelbereich, den Menschen hören, wird eine Grenze überschritten, die automatisch mit Kampf- oder Flucht-Maßnahmen einhergeht. In vielen urbanen Räumen wird häufig, bisweilen beständig diese auditive Grenze überschritten. Da aber die Folgen der Geräusche bekannt sind, wird der anpassungsfähige Mensch lernen und wissen: keine Gefahr trotz physiologischer Lärmgrenze. Biologisch aber hat diese Grenze im Dezibelbereich, obwohl der Lärm in den letzten zweihundert Jahren beständig nach oben kletterte, noch zu keiner selektiven Veränderung geführt. Es gelten die alten Gesetze des Donners, des Blitzes und des Knalles.

Begegnen sich Menschen, kann man, auch ohne dies kognitiv zu begreifen, das Donnern, Blitzen oder Knallen erkennen. Nämlich dann, wenn sich die Kiefergelenke verlässlich verformen. Menschen in Städten, in Fabriken oder im Straßenverkehr bringen ihre Kaumuskeln in Aktion – als biologische Reaktion auf Gefahren. Zunächst subtil, dem Starren der Katze nach dem Vogel ähnlich; dann häufig chronisch, weil die Abreaktion fehlt. Die zwei Optionen der Lösung der Kiefermuskulatur sind das Schnattern der Katze, ein bewusster, neuer, willkürlicher Akt; oder das Ausleben auf sprachlicher oder animalischer Ebene. Bisweilen aber – besonders bei Menschenansammlungen, lauten Geräuschen, emotional gebundener Interaktion – bleibt diese Anspannung bestehen und führt zu einem immensen Druck, der sich in vielfältigen Problemen manifestieren kann.

Wenn User im Internet feindselig miteinander kommunizieren, wenn Anbieter über das Telefon verkaufen wollen, wenn Partner miteinander diskutieren, wenn Vorgesetzte Anweisungen erteilen, wenn das Auto im Kreisverkehr knapp vor einem eingebogen ist, wenn uns eine Vielzahl Menschen auf einem Weg begegnet, wenn das Martinshorn heult, wenn man mit fremden Menschen im Aufzug steht; dann zeigt die Kiefermuskulatur in allen Fällen deutliche Zeichen der Spannung. Dann spiegelt sich im Körper aggressives Sozialverhalten. Der Körper spürt die Bedrohung, bei schnellen und kräftigen Maschinen wie Eisenbahn oder Auto ist der Körper nahezu beständig in Lebensgefahr. Dementsprechend schnell werden Menschen in dem besonders interaktiven Auto aggressiv; sie treten in Kampf- und Aggressionsbereitschaft, wiewohl diese auf den eigenen Raum beschränkt bleibt. Immerhin: Brüllt man einem anderen Verkehrsteilnehmer hinterher, ist das eine naheliegende und seltene Gelegenheit, einer erlebten Aggression impulsiv Luft zu verschaffen.

Diese zwei Steuerelemente, Unterkiefer und Oberkiefer sowie die Muskulatur, die diese bewegt, sind eine wunderbare Gelegenheit zum Schreien, Knurren oder Toben. Sie sind sehr stark und verhelfen auf besonders durchsetzungsfähige Weise dem Ausdruck zur Geltung zu kommen. Ganz anders verhält es sich in den modernen Medien, wo in sozialen Netzwerken Aggressionen mittels feinmotorischer Bewegungen des Daumens oder der Finger ausgedrückt werden wollen. In vielen Fällen reicht diese muskuläre Aktion nicht aus. Trotz der verbalen Botschaften, die bisweilen selbst gehemmt und unterdrückt werden.

Eine unterstützend zur Seite stehende mentale Kraft ist für den Ausdruck besonders wichtig, denn sie begreift Aggression als hormonell bedeutsame Begegnung und entscheidet auf mehreren Kanälen, wie sie zu bündeln ist. Entweder auslebend, körperlich ausgleichend („Schnattern"), sublimierend oder gedanklich neu interpretierend.

---

**Bedeutung des Kiefers**

Funktion: saugen, beißen, zermalmen; Lautäußerungen

Thema: Wettkampf, Aggression, existenzielle Botschaft

Fragen: Wen oder was will ich stören, zerbeißen, zermalmen? Was macht mich wütend? Wie schaffe ich meinen Gefühlen Raum? Wie kann ich gewaltfrei kommunizieren?

---

## Bildanalyse Kiefer (Abbildung 4-15)

Spiegeln Sie zuerst die Person auf dem Bild und überprüfen Sie Ihre Erkenntnisse anschließend mit dieser Analyse.

„Der Klassiker". So könnte man dieses Bild aus Sicht des Body Readings betiteln. Denn genau diese Energie ist omnipräsent in der heutigen Zeit. Ein Lächeln und ein verspannter Kiefer in einträchtiger Kombination. Und wieder dürfen Sie fragen, wenn Sie hierauf positiv reagieren: Setze ich Freude mit Aggression gleich? Bin ich selbst entsprechend konditioniert? Ob ja oder nein, in jedem Fall haben Sie die Gele-

**Abbildung 4-15:** Kiefer (© Morsa Images, Getty Images)

genheit, nach weiteren Indizien zu suchen, die den aggressiven und nicht wohlwollenden Charakter des Bildes unterstreichen. Als da wären die verschränkten Arme, die nach innen gespannten Augen und die fest gezurrte Brustmuskulatur.

Dann könnten Sie zukünftig frei heraus fragen: „Ist alles in Ordnung bei Ihnen; kann ich Ihnen irgendwie behilflich sein?" Aber erwarten Sie in der Regel nicht folgende Antwort: „Ich habe so eine Aggression in mir, gegen alles und jeden. Ich bin kurz vor dem Explodieren". Sondern geläufiger ist wohl folgendes: „Mir geht es gut. Wie kommen Sie darauf?" Dann antworten Sie getreu Ihrer Empfindung: „Ihr Körper drückt genau das gerade aus. Ich spüre eine Aggression." Und dann haben Sie es tatsächlich geschafft, denn der Andere wird vermutlich so reagieren: „JETZT bin ich aggressiv, aber nur durch Ihre blöde Fragerei." Was sich hier vielleicht lustig anhört, hat eine tiefere und ernste Bedeutung. Denn die Ehrlichkeit, die im Body Reading offenkundig wird, ist nicht jedermanns Sache. Also seien Sie sich bewusst, wann und wie Sie es einsetzen.

## 4.12 Gesicht

Das Gesicht dominiert die bisherige Literatur der Körpersprache. Speziell die Mimik wird haargenau analysiert und ist mit einem umfangreichen Vokabular versehen. Aus zwei Gründen ist eine intensive Beschreibung hier nicht notwendig. Erstens: Das Vokabular für die Analyse der Mimik ist umfangreich und jedem zugänglich. Zweitens: Die Mimik ist wie kein anderer Körperbereich der inneren Willkür und Manipulation ausgesetzt. Ein Lächeln aufzusetzen, obwohl es eigentlich nicht in dem Maße angebracht ist, ist Teil unserer Alltagsinteraktion. Es ist dementsprechend nicht verkehrt, wie es viele Autoren tun, beim Gesicht von einer Maske zu sprechen. Die Maske, die man sich selbst auflegt; so, wie man aussehen möchte. Abgesehen von den Geschlechtsorganen gibt es keinen anderen Bereich, der so vielen operativen Eingriffen unterworfen ist, um Zähne, Lippen, Nase, Augenbrauen, Wangen, Augen, Ohren oder Haare zu verändern.

Der wichtigste Blick beim Body Reading fällt auf den Mensch selbst. Egal ob der Mensch seine Stimmung mimisch kongruent oder inkongruent ausdrückt, im Body Reading werden beide Optionen gelesen und begriffen und in die Analyse des Körpers integriert. Es ist ineffizient, die Winkelgrade der Augenbrauen, die Abstände der Mundwinkel oder die Blähung der Nasenflügel zu mathematisieren – das, was es zu entschlüsseln gilt, ist schon angekommen und tritt in Interaktion. Vielleicht haben viele den Bezug zur Fußstellung oder zur Beckenstellung verloren; die Mimik bleibt vertraut, und kann, vergleicht man sie mit dem Rest des Körpers, weniger über die Gesamtheit als vielmehr über die Funktion der Maske viel aussagen. Doch bleibt die Messung des Gesichtes im Vergleich zu allen anderen Strukturen einzigartig;

denn hier sind es keine Gelenke und Knochen, die eine mechanische Abweichung erkennbar machen, sondern mehr als vierzig Muskeln, die auf einer Partitur spielen: Brauen heben, Augen schließen, Wangen pusten, Lippen spitzen oder die Zunge stabilisieren. Das Gesicht ist ein zur Schau gestelltes Sammelsurium, geknüpft an die Willkür. Es empfiehlt sich, es vor allen Dingen als Abgleich oder Ergänzung der gesamten Analyse des Körpers in Betracht zu ziehen.

Je größer die manipulative Energie des Gegenübers, umso intensiver sollte man sich mit Body Reading der Analyse des Gesichts zuwenden. Normalerweise beherrschen gute Schauspieler die Manipulation der Mimik recht gut; genauso wie Menschen, die ihre Mimik benutzen, um ihren investigativen, gutartigen oder bösartigen Absichten hinterherzukommen. Body Reading kann dies vertiefend analysieren; und doch reicht auch häufig das intuitive Gespür, das Menschen aus der Mimik lesen können. Eine verspannte Stirn ist für viele ein deutliches Zeichen mentaler Anforderung, je nach Grad auch der Überforderung.

Konstitutionelle Hinweise in *Vokabelheften* können als Ergänzung dienen, aber nicht als tatsächliches Abbild der Befindlichkeit. Position und Größe des Kinns, der Nase, der Augen oder der Stirn sind ein physiognomischer Abdruck, vergleichbar mit einer Horoskopzeichnung. Es sind zu einem bestimmten Zeitpunkt festgelegte Konstitutionen oder Verhaltensweisen. Es spricht nichts dagegen, diese als gegeben hinzunehmen, so wie jemand nun einmal blaue oder braune Augen besitzt. Es wäre aber fahrlässig, die konstitutionelle Deutung als Angriff oder Segen zu deuten – es bleibt eine jeder Persönlichkeit mitgegebene Herausforderung, die mit analytischen Methoden mental erweitert werden kann.

Beim Body Reading interessiert hingegen mehr der sich in der Verantwortung befindliche Körper. Seine Muskulatur, sein Bindegewebe, die großen Transportsysteme, die Spezialeinheiten. Die Augen und ihre aktuellen Bewegungen können ruhig, hektisch oder in bestimmte Richtungen orientiert sein. Was zieht sie jetzt – oder immer – nach rechts, was nach unten? Was sucht man dort, was hat man da schon mal gesehen? Warum meidet man anderen Positionen der Augen? Es gibt eine Richtung, in die guckst du quasi gar nicht. Kannst du die Augen stillhalten? Mach dich das unruhig, was du siehst? Sind das erschreckte Augen, die wie ein aufgescheuchtes Reh hin und her blicken?

Das Gesicht spiegelt einen natürlichen Ausdruck der Persönlichkeit und das vorherrschende Gefühl am Eindringlichsten, weil es komplex und melodiös erklingt. Allerdings: Nutzte der Mensch die Mimik beständig so kongruent wie ein kleines Kind, bräuchte es kein Body Reading. Der Mensch wäre gefühlsmäßig und mental ehrlich. Deswegen ist das Gesicht mit besonderer Vorsicht zu betrachten, denn diese Maske des Selbst ist anfällig.

**Bedeutung des Gesichts**

Funktion: Mimik, sinnliche Auseinandersetzung mit der Welt

Thema: Modifizierung im Ausdruck, Feinheiten des Gefühls; die Augen als Spiegel der Seele

Frage: Wohin möchte ich nicht schauen? Lasse ich das, was ich fühle, mimisch zur Geltung kommen? Woher kommt der Gesichtsausdruck, wer steuert die Mimik: Kopfraum, Halsraum, Herzraum, Bauchraum, Beckenraum – oder wie bei einem kleinen Kind der ganze Körper?

## Bildanalyse Gesicht (Abbildung 4-16)

Spiegeln Sie zuerst die Person auf dem Bild und überprüfen Sie Ihre Erkenntnisse anschließend mit dieser Analyse.

Es ist nicht sinnvoll zu argumentieren, dass eine Gymnastikübung das Gesicht besonders in Mitleidenschaft ziehen muss. Die für eine Körperübung benötigte Muskulatur hat genug Arbeit, alles andere, was für die Übung nicht gebraucht wird, sollte sich entsprechend der Ökonomie zu dem Gesamtbild fügen. Und die besagt in den meisten Fällen des Sports: die Gesichtsmuskulatur darf den aktuellen Spannungsgrad des Körpers, die dafür erforderliche Stabilisation und Konzentration

**Abbildung 4-16:** Gesicht (© wilpunt, Getty Images)

sanft unterstützen. Ein übertrieben mimisches oder stark verzerrtes Gesicht ist aber nicht notwendig, weder um den Rumpf zu beugen noch um einen Ball ins Tor zu schießen, noch um eine Latte im Flug zu überqueren. Dass Sie extrem angespannte Gesichtsmuskeln dennoch quasi ständig bei jeder Art Leibesübung in echt oder im Fernsehen zu sehen bekommen, hat etwas mit der inneren Einstellung des Sporttreibenden zu tun, mit dem Erfolgshunger, dem Leistungswillen oder – wie in dem obigen Fall – einer inneren Verbissenheit, etwas tun zu müssen, was dem eigentlichen Körperauftrag zuwider läuft.

Der Body Reader würde sich in so einem Fall an dem Missverhältnis zwischen Bewegungsfreude und mimischer Begleitung stören, an der anscheinend nicht reibungslos verlaufenden internen Kommunikation. Dass also das, was gerade ausgeführt wird, keiner intrinsischen und lebensbejahenden Motivation entspricht. Den meisten anderen Menschen aber könnte genau dies zum Vorteil gereichen, denn der Volksmund weiß seit langem darüber zu berichten. „Wer hart arbeitet, wird auch belohnt." Und so könnte man ergänzen: Die harte Arbeit darf eines nicht machen – Freude. Und genau diese Missbilligung darf im Gesicht dann auch zur Schau treten.

## 4.13 Gesamtüberblick

Das erste Kriterium ist die eigene Intuition. So, wie man auch ohne Body Reading das Andere betrachtet. Vielleicht ist dort ein auffälliges Merkmal, ein Gefühl, das ins Auge, ins Herz oder in den Bauch springt. Eine Botschaft, ein Zeichen.

Dann kann man Body Reading hinzufügen, und zwar ebenfalls mit dem auffälligsten Kennzeichen. Das kann die Schulter, die Becken- oder die Fußstellung sein, genauso wie die aufgeschreckten Augen, die stark gekrümmten Finger oder der massiv angespannte Beckenboden. Mit ein wenig Übung und Erfahrung werden Sie offen für all diese Besonderheiten und erkennen diejenige, die diesen Menschen besonders charakterisiert, sehr schnell. Auch wenn Sie keine Besonderheit finden, lernen Sie in einer tieferen Analyse die bevorzugten Funktionen der Einschränkungen und Störungen. Das können sprachliche Auffälligkeiten oder anatomische und physiologische Bedingungen sein. Die einfachste Methode ist die Aufmerksamkeit auf die Muskelspannungen zu richten. Aus dieser lässt sich ebenfalls sehr schnell ein Gesamtüberblick skizzieren. Gehen Sie dabei vom Groben zum Feinen vor. Spüren Sie im Spiegeln die Energie, die Epizentren der Anspannung, die Blockaden oder körperlichen Verwirbelungen.

Lernen Sie daraufhin, zu unterscheiden, ob der Gesamteindruck und die Störungen etwas gemeinsam haben, ob es sich um dauerhafte oder aktuelle Themen handelt. Interessieren Sie sich dabei bewusst nicht für den Auslöser – aktueller Unfall, kindliches Körpertrauma, Überlastung auf Arbeit –, sondern für die Botschaft des

Körpers. Wenn Sie die Rationalisierungen und Erklärungen, die dienen können, hintenanstellen, erleben Sie das Besondere des Body Readings: der Körper lügt nicht.

---

**Bedeutung des Gesamtüberblicks**

Funktion: Gesamtorganisation, Struktur

Thema: Wahrhaftigkeit, Besonderheit, Merkmale

Fragen: Was bringe ich hervor? Was kann der andere besser? Was sehe ich als erstes bei mir? Warum zeigt sich dies so deutlich?

---

## Bildanalyse Gesamtüberblick 1 (Abbildung 4-17)

Spiegeln Sie zuerst die Personen auf dem Bild und überprüfen Sie Ihre Erkenntnisse anschließend mit dieser Analyse.

So lustig die Erwachsenen hier lachen, so traurig sprechen ihre Körper. Verschaffen Sie sich einen Gesamtüberblick über dieses Exempel, finden Sie hier viele Botschaften und gesellschaftlichen Ideale wieder, die wir auch in den anderen Bildern entdeckt haben. Wenn Sie wissen wollen, wie sich müheloses, humanes, echtes Gehen anfühlt, spiegeln Sie das Kind. Wenn Sie wissen wollen, wie sich gestellte Freundlichkeit oder Freude anfühlt, spiegeln Sie die Erwachsenen. Und wenn Sie wissen wollen, welche mentalen Ideale der Verspannung moderner Erwachsener zugrunde liegen könnten, betrachten Sie die Architektur des Hauses im Hintergrund. Quadratisch, praktisch, aber alles andere als gut. Das Wesen der Natur ist nicht seelenlos am Reißbrett entworfen, sondern bunt, variabel und unbeständig, mit einem Wort: lebendig.

**Abbildung 4-17:**
Gesamtüberblick 1
(© stockvisual,
Getty Images)

## Bildanalyse Gesamtüberblick 2 (Abbildung 4-18)

Spiegeln Sie zuerst die Person auf dem Bild und überprüfen Sie Ihre Erkenntnisse anschließend mit dieser Analyse.

Wenn Sie dieses Bild intensiv spiegeln, haben Sie eine Blaupause für authentisches, ökonomisches und ausdrucksstarkes Verhalten. Was für ein Gefühl! Was für ein Ausdruck! Hier ist alles echt und lebendig. Die zur Seite gestreckten Arme („Bitte, nimm mich in den Arm"), die hochgezogenen Schultern („Ich habe Angst wegen dem Schmerz"), der vorsichtig aufsetzende linke Fuß („Auf dieses Bein bin ich gefallen und habe mir weh getan"), vor allen Dingen aber der ungehemmte Fluss der Tränen. Ein freier, bebender Brustkorb voller Emotionen, voller echter Traurigkeit – mehr menschliche Wirklichkeit braucht es nicht, um zu wissen, wie sich der Körper seinem Auftrag nach gestalten möchte. Folgen Sie ihm und all seinen Gefühlen.

**Abbildung 4-18:**
Gesamtüberblick 2
(© yaoinlove,
Getty Images)

# 5 Die Muskulatur

## 5.1 Bedeutung der Muskulatur

### 5.1.1 Rumpfmuskulatur

Als Rumpfmuskulatur kann man die Gesamtheit der Muskeln verstehen, die das knöcherne Zentrum des Menschen stabilisieren, halten und zugleich beweglich werden lassen. Normalerweise würde der Abschnitt im Hauptteil des Buches zum Rumpf der Analyse Rechnung tragen; da aber dieser Bereich im Bewusstsein der Moderne eine überragende Rolle einnimmt, sei er hier noch einmal gesondert aufgeführt. Das liegt in erster Linie an der Bauchmuskulatur, deren natürliche Funktion auch in vielen Bereichen der orthopädischen Spezialisten nicht richtig verstanden wird.

Es ist kein Scherz, und doch hört es sich lustig an, wenn man aus Sicht des Body Reading folgende Behauptung aufstellt: Menschen, die ihre Bauchmuskulatur willentlich trainieren, sie fordern, an ihr üben, sie beugen und strapazieren, tun damit nichts anders als ihre Fähigkeit zur Gefühlsunterdrückung auszuweiten. Besonders der gerade Bauchmuskel, der in Anlehnung an seine sechs Muskelkompartimente, die durch Sehnen voneinander getrennt sind, Six Pack genannt und den man gerne hervorzuheben sucht, steht häufig im Mittelpunkt. Antworten Sie jemanden, der Ihnen stolz sein Six Pack zeigt: „Du kannst ja mächtig gut deine Gefühle unterdrücken."

Nun ist die Pauschalisierung, wie bereits mehrfach aufgezeigt, nicht das Wesen des Body Readings. Gleichwohl überzeugt diese Erklärung nachdrücklich, besonders wenn man sie in einem kulturellen und gesellschaftlichen Kontext integriert. Einem sehr wissbegierigen Schüler habe ich einmal, als er nicht glauben wollte, dass die Natur es nicht vorgesehen hat, dass man jene sechs Kompartimente des geraden Bauchmuskels von außen erkennen kann, folgenden Vorschlag gemacht: Er solle so lange im weltweiten Digitalnetz suchen, bis er ein Kind oder einen Menschen eines Naturvolkes findet, bei dem der Six-Pack sichtbar sei. Sozusagen als Möglichkeit, meine anthropologische These zu widerlegen. Das Internet bietet hierfür reichlich Gelegenheit, egal ob Aborigines, Indianer, Mongolen oder viele andere Kulturen mehr. Das Archiv beherbergt eine Reihe von Fotografien, die weit ins 20. oder sogar späte 19. Jahrhundert zurückreichen. In Zeiten, in denen tatsächlich weiße Siedler, Missionare oder Forscher das erste Mal mit verschiedenen indigenen Kulturen in

Berührung kamen und dies bildlich festhielten. Nach vielen Stunden des Suchens hat der Schüler am eigenen Leib begriffen, mithilfe seiner visuellen Wahrnehmung, wie die menschliche Natur strukturiert ist, und welche Bedeutung sie der Bauchmuskulatur beimisst. Selbstredend gibt es dünne sowie dicke Menschen, und die Ausprägungen des Muskels sind bei dem einen größer als bei dem anderen. Genauso gut gibt es bestimmte Bewegungen, die das Spannen der Beugemuskulatur benötigen, so dass auch hier die Muskeln sich ausgeprägter zeigen können; aber: im normalen Stehen, Gehen, Liegen oder Sitzen ist die Ausprägung, auch beim dünnen Hering, wie ihn der Volksmund nennt, nicht sichtbar. Alles andere deutet auf ein Ungleichgewicht der Beuger und Strecker hin, auf einen Verlust der Ökonomie, auf eine Beeinträchtigung der Bauchorgane und: auf eine narzisstische Persönlichkeitsstörung.

Um dies zu verstehen, hilft die funktionelle Anatomie. Das Gleichgewicht zwischen Beugern und Streckern (zwischen Bauch und Rücken) liegt aufgrund der Aufrichtung des Menschen immer zugunsten der Strecker. Im Vergleich zum Vierfüßler, bei denen sich das Verhältnis deutlich mehr angleicht, kann man für den Menschen von einem durchschnittlichen Verhältnis von 10:7 sprechen, das heißt: Die Rückenmuskulatur muss deutlich stärker und kräftiger als die Bauchmuskulatur sein, sonst ist der Mensch kein aufgerichteter Mensch.

Die Anatomie spricht eine eindeutige Sprache. Das Filet, das teuerste Stück beim Tier, ist zugleich das muskulär wertvollste beim menschlichen Tier. Es liegt direkt neben den Wirbelkörpern, ist fett- und sehnenarm. Vergleichen wir es mit den dünnen Streifen des Bauches auf der Vorderseite, der durchzogen von Sehnen ist, wird klar, dass das teure und wertvolle Stück der elementaren Aufrichtung, das fettige und sehnige hingegen dem Schutz und der Stabilisation dient.

Das Prinzip der starken Strecker gilt im gesamten Körper. Auch die Oberschenkelstrecker sind kräftiger als die Oberschenkelbeuger, der Streckmuskel am Oberarm stärker als der Beuger, die Nackenmuskeln stärker als die Halsmuskeln. Wenn man aus Gründen der Gesundheit ein Krafttraining betreibt oder anstrebt, sollte man dieses Verhältnis jederzeit im Auge haben. Beim präventiven, allgemeinen Fitnesstraining trainiert man die Streckmuskulatur immer im Verhältnis von 10:7 oder 3:2, je nachdem wie man das arithmetisch für sich einfach gestalten will. Wer ohne Kenntnisse der natürlichen Vorgaben aber meint, er trainiere einfach jeden Körperbereich einmal (eine Rückenübung, eine Bauchübung, eine Oberarmvorderseitenübung, eine Oberarmrückseitenübung etc.) wird ein Ungleichgewicht erzeugen. Immer zu Ungunsten der Strecker, immer zu Ungunsten dessen, was den Menschen vor allem anderen auszeichnet: seine Aufrichtung.

Tatsächlich trainieren bereits viele Menschen ihre Muskeln in einem funktionellen Sinne, weil sie etwas Bestimmtes erreichen wollen, wie ihre Rumpfmuskulatur zu stärken, weil sie Rückenschmerzen oder Probleme im Rückenbereich haben. Seit mittlerweile fast vierzig Jahren gibt es zahlreiche Studien, die das zeigen, was logisch ist, wenn man der Natur ein wenig Aufmerksamkeit schenkt. Habe ich eine Schwäche im Rücken, dann ist es doppelt unsinnig, die Beugemuskulatur, also die Bauchmuskulatur, zu trainieren. Dies ist in etwa so, als führe man mit kaputten Bremsen in die Autowerkstatt, um diese zu reparieren, und die Mechaniker machen genau das Gegenteil und erhöhen die Motorleistung, so dass man mit den kaputten Bremsen noch schneller fahren kann.

Interessanterweise taucht diese sporttherapeutische Maßnahme nach wie vor und sehr gehäuft auf, so dass man sich tiefergehend damit auseinandersetzen sollte. Der Blick auf das innere Thema der Bauchmuskulatur ist die fixierte Unterdrückung, die im Äußeren wie im Inneren vollzogen wird. Das Bewusstsein dafür ist aber nicht einfach mit Hilfe wissenschaftlicher Behauptungen zu verändern oder auf einem anderen Weg zu bringen. Denn sonst wären die hier aufgeführten, mittlerweile altbekannten Erkenntnisse längst oder zumindest teilweise umgesetzt worden. Deshalb sollte man akzeptieren, dass man es hier nicht nur mit einem individuellen, sondern einem tiefen, kollektiven Trauma zu tun hat, das in seinen Grundzügen Jahrhunderte alt ist und sich aus Technokratie, materieller Anhäufung, Kontrollzwang und mathematischer Beherrschbarkeit zusammensetzt, kurzum: der Ausbeutung der umgebenden – und siehe Bauchmuskeltraining – auch der eigenen Natur.

Nur so kann sich eine groteske Logik durchsetzen, die meint, dass die Kräftigung einer bestimmten Muskelgruppe in irgendeinem Zusammenhang stehe, mit dem jeweiligen Fettanteil jener Körperregion. Dass also Muskeltraining das Fett am Bauch, am Po oder an den Beinen mindere. Es ist allgemein bekannt, dass ein Krafttraining physiologische Effekte erzeugt, nur kann man, auch das ist zumindest wissenschaftlich allgemein bekannt, diejenige Region nicht willentlich bestimmen, an der diese physiologischen Verbrennungseffekte auftreten sollen. Die Annahme dieses Wissens ist trotz ihrer klaren Logik nicht so einfach an Mann und Frau zu bringen. Deswegen ist es wichtig, zunächst diese kollektiven Kräfte zu akzeptieren. Wer mit so viel Widerstand und Macht gegen die Natur argumentiert, wird dies aus gutem – unbewussten – Grund tun.

Genauso wie hier an dieser Stelle aus gutem Grund auf die eigentliche Vorgabe der Natur hingewiesen wird. Und die lautet auf den Bauch bezogen: Es ist notwendig voll zu leben, voll zu verdauen, seinem Inneren nur das Beste zu gewährleisten; auch seinem Bauch voll zu vertrauen und das Gären, das Raunen und das Erbrechen und alles, was sich daraus ergeben kann, zuzulassen – und nicht es zu unterdrücken oder festzuzurren. Ein weicher Bauch wie der eines Kindes lässt all diese Gefühle eindringlich und augenscheinlich zu. Das führt sogar dahin, dass kleine Kinder stolz sind auf dicke, runde Bäuche, dass sie diese weit nach vorne in den Raum dehnen können, denn sie sind stolz, voll umfänglich zu leben.

### 5.1.2  Muskelreflexe

Thomas Hanna (1990) war ein amerikanischer Experte der Körperarbeit und hat eine grundlegende und sinnvolle Zusammenfassung der menschlichen Muskelreflexe in den 1970er Jahren präsentiert, die sich auch heute noch als stilbildend und anthropologisch wertvoll erweist. Er erkannte und beschrieb drei grundlegende Reflexe. Den Startreflex, den Stoppreflex und den Traumareflex.

Der *Startreflex* zielt auf die Thematik der Aufrichtung in der Rückenmuskulatur, ganz generell auf jedwede Muskelaktivität, die hilft, sich aufzurichten. Dieser Reflex wird automatisch aktiviert bei der Selbstbehauptung, er macht zum Handeln bereit und ist demzufolge in einer Leistungsgesellschaft besonders häufig aktiviert. Die Folge können chronisch kontrahierte Rückenmuskeln sein. Der Startreflex wird immer dann aktiviert, wenn die Bereitschaft zur Aktion abgerufen wird. Klassische Auslöser können Sätze sein wie: „Mach Dich mal an die Arbeit", „Hör mir mal zu!", „Bist Du bereit?" oder: „Sitz nicht einfach so faul herum!"

Der *Stoppreflex* ist die notwendige Reaktion auf bedrohliche Situationen, eine physiologische Form des Selbstschutzes vor äußeren Ereignissen oder Personen sowie vor den eigenen Gedanken, Gefühlen oder Empfindungen. Dieses Muster aktiviert die Beugemuskeln des gesamten Körpers und wird deutlich sichtbar in einer Neigung des Oberkörpers nach vorne, des Heranziehens der Arme an den Rumpf und der Beugung der Kniegelenke. Sie wird von Hanna betitelt als die häufigste Fehlhaltung im Alter, wobei dies nicht auf eine biologische Notwendigkeit zurückzuführen ist, sondern auf ein Verhalten, das die Streckmuskulatur auf der Gegenseite in ungebührendem Maße im Laufe des Lebens überfordert hat. In neuester Zeit werden vor allen Dingen im Freizeit- und Kraftsport die ästhetische Ausbildung der Beugemuskeln angestrebt und öffentlich präsentiert. Hier sind vor allen Dingen Bauch, Oberarmbeuger (Bizeps) und die Brustmuskulatur zu nennen. Alle drei Überspannungen sind ein Hinweis auf die Fähigkeit, sich selbst beschützen zu wollen und auch zu können. Sie zeigen aber auch andererseits, dass der Mensch in einer ständigen Gefahrensituation lebt, um diesen Schutz dauerhaft abrufen zu müssen, denn das Beugemuster ist chronifiziert und nicht nur in den jeweiligen Gefahrenmomenten ausgebildet und aktiviert.

Der *Traumareflex*, von dem Hanna spricht, ist derjenige, der bei Unfällen, Verletzungen und Operationen entsteht, der also das neuromuskuläre Zusammenspiel in Folge dieses Traumata verdeutlicht. Man kann diesen Reflex ruhig ausweiten und ihn als Prinzip der eigentümlichen und biografischen Anpassung an die eigene Körpergeschichte begreifen. Er stellt das spezifische Prinzip des Körpers dar, welches wir im Body Reading nachspüren können. Damit sind in der Regel keine Wunden gemeint, die verheilen, sondern Ungleichgewichte, die durch einseitige oder ineffiziente Bewegungsweisen entstanden sind; oder emotionale Probleme, die sich in einer bestimmten Muskelorganisation chronifizieren. Im besonders dramatischen Fall bilden sie pathologische Muster wie eine Skoliose oder einen starken Becken-schiefstand. Der Traumareflex ist nur ganz selten angeboren, sondern zumeist erworben. Und zwar in jenen Momenten, in denen der Körper instinktiv seine Hal-tung verändert hat, um den von außen oder innen kommenden Bedrohungen oder Schmerzen auszuweichen. Der Traumareflex ermöglicht die Abkehr und ist eine physisch vertraute – wenn auch häufig unbewusste – Hilfe, um mit diesen unange-nehmen Mustern nicht konfrontiert zu werden.

## 5.1.3  Muskelblockaden

Beim Vorgang des Spiegelns sind zunächst die Muskelblockaden zu spüren. Die Muskulatur ist das aktive Organ des menschlichen Körpers. Auch alle anderen Organe, Organellen oder Zellen arbeiten; aber nur die Muskulatur kann vom Men-schen willentlich beeinflusst werden. Genauso gut reagiert sie aber auch auf das, was der Mensch ausdrücken möchte, bewusst oder unbewusst.

In der klassischen Körperpädagogik geht man davon aus, dass jede Muskelblo-ckade oder von der Norm und Regel abweichende Muskelspannung ein verselbst-ständigter Prozess ist, der als Reaktion auf eine physische, psychische oder soziale Herausforderung zu verstehen ist. In den allermeisten Fällen sind diese Aspekte nicht zu trennen und so ist es die gesamte körperliche Reaktion auf ein die gesamte Persönlichkeit betreffendes Ereignis. Der Körper reagiert auf das, was wir erleben. Wenn ich mich von einem Menschen bedroht fühle, schütze ich mich, indem ich die Schultern hochziehen, den Bauch anspanne oder die Augen verschließe. Wenn ich gereizt werde, reagiert der Körper indem er die Kiefermuskulatur anspannt und die Arm- oder Rückenmuskeln aktiviert, um in die Auseinandersetzung zu kommen.

Die zweite Erklärung für Muskelblockaden ist die Imitation oder Nachahmung von Vorbildern. Auch das kann bewusst oder unbewusst erfolgen. Unbewusst geschieht dies zumeist in der Kindheit und Jugend, wenn unsere Eltern oder Vorbil-der ihren Körper so formen, wie sie es tun, und wir dies ungefragt übernehmen. Das ist biologisch auch notwendig und sinnvoll im Rahmen der motorischen und sozia-len Entwicklung. Was aber, wenn der Vater als sein spezielles Thema die unter-drückte Aggression hat, und er dadurch häufig mit verbissenem Kiefer und ange-spannter Rumpfmuskulatur am Essenstisch sitzt? Dann nehmen die Kinder dies als die natürliche oder notwendige Haltung eines Sitzenden wahr und ahmen diese unbewusst nach. Diese Blockaden dann aufzulösen ist eine vielschichtige und thera-peutisch anspruchsvolle Arbeit.

Deutlich einfacher auf einer rationalen Ebene zu begreifen, sind die Nachahmungen, die man bewusst vollzogen hat. Dazu gehören alle Lehrer, Trainer, Berater, Coaches, denen wir leibhaftig gegenübertreten oder die wir aus Videos oder Anleitungen aus Büchern kennen. Wenn der Trainer also empfiehlt, willentlich den Bauch oder den Beckenboden anzuspannen, dann kann sich dies auf unser Bewegungsverhalten massiv auswirken, je nachdem wie vertrauensvoll und auch sympathisch uns der Lehrer ist. Hierbei spielt eine große Rolle, dass vielen Lehrern nicht bewusst ist, dass alle Menschen mit unterschiedlichen Konstitutionen gesegnet sind. Dem einen bekommt die aktive Streckung des Armes in den Raum mit Hilfe der Fingerspitzen sehr gut, dem anderen hingegen nicht. Der eine beugt sein Kinn bei der Yogaübung gerne zur Brust, für den anderen bedeutet dies eine Zunahme an Spannung im Nacken. Zu erkennen, woher ein Verhalten stammt, ist der erste Schritt, es individuell und typgerecht anzupassen der zweite.

Konsequenterweise kann man auch diese Nachahmungen oder Imitationen als leiblichen Ausdruck unserer Gefühle deuten. Nur dass diese primär nicht vom eigenen Erleben herrühren, sondern von anderen übernommen worden sind. Gleichwohl sind sie jederzeit der Ausdruck dessen, was ich fühle. Mithilfe dieser eingenommenen Körperhaltung bringt sich der Mensch in Verbindung zu seinen Gefühlen, Gedanken und Empfindungen und im Body Reading können sie aufgespürt werden. Den muskulären Spannungen und Blockaden Aufmerksamkeit zuteilwerden zu lassen, ist die erste und größte Eigenschaft des Body Readings und – das soll dieser Abschnitt verdeutlichen – ist konsequent an die Persönlichkeit gebunden. Rationale Erklärungen gilt es hierbei zu meiden. Wenn der Nacken spannt, weil man am Vortag am zugigen Fenster gesessen hat; wenn die Gesäßmuskulatur tonisiert ist, weil man am Vortag den Berg bestiegen hat, dann sind dies mechanische Erklärungen, die physiologisch betrachtet ihre Gültigkeit haben. Sie verhindern aber, wenn man sie nicht ausweitet, dass wir uns mit Hilfe des Body Reading intensiv mit der Persönlichkeit auseinandersetzen können. Es empfiehlt sich, diese durchgehende und konsequente Analyse rational verständlich zu machen, um beim Body Reading gleichzeitig Wertschätzung aber auch professionelles Körperlesen zu symbolisieren. Sodann kann man zu dem Schluss kommen, dass jede Muskelblockade eine wie auch immer verhärtete oder erstarrte Emotion ist. Sie ist mit allen anderen Informationen in die Gesamtanalyse einfließen zu lassen.

## 5.2 Wilhelm Reich

Dass es überhaupt denkbar ist, solche konsequenten Behauptungen aufzustellen („Eine Muskelblockade ist eine erstarrte Emotion"), geht zumindest im wissenschaftlichen Bereich auf Wilhelm Reich zurück. Neben seiner grundlegenden psy-

chologischen Arbeit, die der biologischen Verkörperung der Persönlichkeit Maß-
stäbe setzte, bietet er auch mit seinen Charakterstrukturen ein methodisches
Vorbild, wie man mit den Erkenntnissen des Body Readings umgehen lernt. Und
auch die Geschichte des Menschen Wilhelm Reich zeigt eine starke Symbolik zur
Geschichte des Body Reading.

Der 1879 in der Bukowina geborene Wilhelm Reich war im Laufe seines Studi-
ums ein Schüler von Sigmund Freud und grenzte sich bereits währenddessen von
dessen Überzeugungen bewusst ab; denn er erkannte, dass die psychologische
Arbeit nicht allein durch die Beschäftigung mit dem Sprachzentrum vollständig ist.
Mehr oder minder mentale Prozesse alleine beeinflussen nur selten die Themen, die
den ganzen Menschen bewegen. So verband Reich die analytische Schärfe, die
Freud und seine herausragenden Erkenntnisse gebracht hatten, mit der körperlichen Entsprechung und Analyse. Seine Therapieformen waren einerseits ganz
anders, seine Denkweisen aber in vielerlei Hinsicht ähnlich. Denn auch in der Reichianischen Arbeit steht sexuelle Energie im Vordergrund, wenn sie auch weit über
die von Freud beschriebene und gedeutete Form hinausgeht.

Wenn man es vereinfachen will, liegt Freuds Bedürfnis in der seelischen Ausgeglichenheit des Menschen, die von einer mentalen Steuerung abhängig ist. Reichs
Bedürfnis liegt in der körperlichen Ausgeglichenheit, die von der Gesamtpersönlich-
keit (inklusive seelischer, mentaler und vegetativer Aspekte) gespeist wird. Jene
körperliche Freiheit und Freizügigkeit des Menschen, die Wilhelm Reich wissenschaftlich postulierte, waren ein Affront in der Nachkriegsgesellschaft der USA. So
wurde Reich ein Opfer der berüchtigten McCarthy-Ära, der Verfolgung jedwe-
den Gutes menschlicher Selbstbestimmung. Es kam zu jener legendären Szenerie,
als Reich, der in den 1930er Jahren Deutschland aus gutem und naheliegendem
Grund verließ, in den 1950er Jahren der USA die Verbrennungen seiner eigenen
Bücher miterleben musste. Diese Bücherverbrennungen, deren Inhalte sich um
ein ganzheitliches Verständnis des Körpers bemühten, sind in der Form ihrer Ver-
brennung auch ein Symbol für den Niedergang des Body Readings. Anstatt dessen
entstand die Psychosomatik, ein halbherziges und schulmedizinisch geduldetes
Anhängsel der mathematischen Prinzipien, dass das Body Reading nicht annähernd
versinnbildlicht, sondern sich aufgrund seiner Eingeschränktheit von dessen Sinn-
haftigkeit weit entfernt.

Wilhelm Reichs Bücher wurden nicht nur verbrannt, er selbst wurde wie
viele in der Nazizeit, die „anders" waren mehrfach verhaftet und ist im Dezem-
ber 1957 gestorben worden – um es so zu formulieren, dass historische Berichte
und das Gespür für die Wirklichkeit in Einklang zu bringen sind. Nur sehr wenige
Schüler haben anfangs seine Ideen am Leben erhalten, sodass Wilhelm Reich
höchstens einen wenn auch ganz langsam stärker werdenden alternativen Ruf
inne hat. Was seine Schriften auszeichnet, stimmt mit denen mancher Verhal-

tensbiologen überein, die aufzeigen, dass das Gehirn ein Diener der tieferen Strukturen sein muss, damit dem Lebewesen eine größere persönliche Kraft zugänglich wird. Sein praktisches Erbe liefern für das Body Reading zwei wertvolle und miteinander in Verbindung stehende Phänomene: die Segmentpanzerung und die Charakterpanzerung.

## Segmentpanzerung

Die Segmentpanzerung ist zugleich analytischer und praktischer Natur und hat den großen Vorteil einer anatomisch-physiologischen Korrektheit. Reich unterteilte die zentrale Mittelachse des Menschen (von Becken bis Kopf) in sieben einzelne Segmente, denen spezifische Panzerungen, Störungen, Blockaden und Eigentümlichkeiten zu eigen sind. Reich beginnt seine Analyse dort, wo sie entsteht. In der tiefsten Schicht im Becken. Von dort arbeitet er sich nach oben bis hin zu den Augen. Genau dort aber beginnt die Therapie, denn um an die tieferen Störungen in den unteren Regionen zu gelangen, nähert er sich diesen von den später entwickelten, oberen Bereichen. In seinen Studien stehen die einzelnen Segmente für die dort auftretenden Funktionen mitsamt dem entsprechenden Thema. Sie sind immer begleitet von einer vegetativen Reaktion, die mit der Panzerung in Verbindung steht und gehemmt oder eingeschränkt ist.

Die Entpanzerung des Augensegments befreit die Augen, die aufreißen, die begierig aus innen heraus strahlen und die begleitet sind von einer in dieser Region erfahrbaren Gedanken oder inneren Bildern. Man öffnet seine eigenen Augen im wahrsten Sinne des Wortes und sieht das bis dahin eingeschränkt gesehene Trauma nun mit anderen Augen. Das Mundsegment löst sich durch das Schreien, Bellen, Knurren, aber auch durch alle anderen offensiv und vollen Mundes (!) hervorgerufenen Artikulationen. Das Halssegment blockiert das Erbrechen, den Würgereiz auf das Ungenießbare, Giftige und Schädliche, das im Laufe des Lebens allen Lebewesen aufgrund der variablen Umweltanforderungen zuteilwerden muss. Und mit eben jenem Erbrechen kann man es auch lösen. Das Brustsegment löst sich durch Weinen, Schluchzen, durch emotionale Hingabe, durch den lebensspendenden Ausdruck der Gefühle. Das Zwerchfellsegment löst sich durch Atmen – und zwar ein der eigenen Konstitution gerechtes und vollständiges Ein- und Ausatmen. Das Bauchsegment löst sich durch das vollständige Verdauen dessen, was man zu sich nimmt. Die materielle und immaterielle Nahrung, die Menschen am Leben hält. Das Beckensegment löst sich durch den Orgasmus – den vollständigen, eruptiven und unermesslichen. Diese segmentale Arbeit von Wilhelm Reich dient im Body Reading ebenso als Hilfe wie die körperlichen Zuordnungen in diesem Buch; aber nur wenn es darum geht, den individuellen Mensch zu verstehen. Die Segmentpanzerungen sollen und können nicht wie in einem klassischen Reichianischen Therapierahmen angewandt werden, sondern helfen ergänzend in Analyse und Therapiemöglichkeiten.

## Charakterpanzerung

Das Gleiche gilt für die Charakterstrukturen, die die Segmentpanzer überragen und aus allen Erkenntnissen der Analyse einen körperlichen Persönlichkeitstyp gestalten. Sie sind mit Stationen im Lebensalter, Gefühlen und Verhaltensmustern kombiniert und von sich aus bereits sehr komplexe Beschreibungen. Im Gegensatz zu konstitutionellen Bedingungen sind diese Persönlichkeitstypen sehr variabel und von daher für das Body Reading nur bedingt in Betracht zu ziehen. Sie zeugen einerseits von der großen Kreativität und Analysefähigkeit Wilhelm Reichs, aber auch von seinem Drang zur starken Fixierung. Denn die konkrete und direkte Zuordnung zu einem bestimmten Persönlichkeitstyp, wie es konstitutionelle Begebenheiten erlauben, ist nur bei wenigen Menschen im Sinne der Charakterstrukturen von Reich möglich. Dafür aber sind die Charakterstrukturen besonders hilfreich durch ihre angewandte Methodik. Denn sie beschreiben eine vollständige Anerkennung anders gearteter Bedürfnisse und bieten für jeden Typ die entsprechende Körperarbeit an. Für den einen Persönlichkeitstyp ist Entspannung das passende Mittel zur Heilung, für den anderen Kampfsport, für den dritten Feldenkrais, für den vierten Laufen. Dies ist, wenn auch nicht in der Analyse, so aber im Vollzug, eine individuell gerechte Körperarbeit. Oder anders formuliert: die funktionelle Trainierbarkeit bezogen auf das individuelle Bedürfnis des Menschen. Eine naheliegende Folge, wenn man das therapeutische Arbeiten über das Body Reading hinaus einleiten möchte.

# 6 Ergänzungen

## 6.1 Scanning

Das Scanning ist die ursprüngliche Form des Body Readings. Ein kleines Kind spiegelt seines Gegenübers Verhalten zunächst nicht; erst später wird eine Abart davon zum Erlernen von Bewegungsfertigkeiten eingesetzt. Scanning bedeutet nichts anderes als über das reine Wahrnehmen – es mag sich visuell, kinästhetisch oder ganz anders anfühlen – die Energie des Gegenübers empathisch und voll umfänglich zu erfahren. Diese intuitive Körperwahrnehmung macht die Dinge ersichtlich, lässt sogleich Muskelspannungslage, Energiefluss und viele andere Dinge, die auch beim Spiegeln zu Tage treten, in den Körper dringen. Gleichwohl ist es ratsam, das Spiegeln vor dem Scanning zu üben, und es ihm auch in manchen Situationen immer vorzuziehen (vor allen Dingen der konkreten körperlichen Analyse). Wenn man später in die genaueren Prozesse des Body Readings eintauchen will, ist Scanning schließlich eine große Hilfe – auch wenn über das Materielle hinaus innere Motive, Fantasiegeschichten, Erinnerungen, innere Dialoge oder Personifizierungen erfahrbar werden können. Das Erkennen von Formen, Strukturen, Farben und Räumen im Körper des Anderen; die intuitiven Möglichkeiten all dessen, was sprechen möchte, und im Leser widerhallt.

## 6.2 Behinderungen

Body Reading ist ein bewusster Prozess und benötigt Ihre Aufmerksamkeit. Es gibt viele Möglichkeiten, die das Body Reading behindern oder gänzlich einschränken. Besonders intensive Beziehungsmomente der Verbundenheit oder der Auseinandersetzung oder Dialoge mit Autoritätspersonen sind nicht dazu geeignet, in ein intensives Body Reading überzugehen. Sie wären zwar theoretisch möglich, werden aber in der Regel von der Notwendigkeit der Situation oder der Position des Gegenüber überlagert. Hingegen ist ein Body Reading bei Menschen, denen man vorab der eigentlichen Analyse mit Vorurteilen und Ausgrenzungen begegnet, gar nicht möglich. Selbstredend können auch Müdigkeit, Stress oder Wetterfühligkeit als Beispiele der vegetativen Überforderung, die Arbeit erschweren oder unmöglich machen. Gleiches kann auch die hormonelle Reaktion auf die Einnahme wie auch immer gearteter Nahrungsmittel (Lebensmittel, Genussmittel, Gifte) sein, oder besonderer sexueller Ereignisse, die allesamt die Wahrnehmung entscheidend beeinträchtigen können.

Diese Aufzählung dient keiner Warnung, sondern soll die Möglichkeiten aufzeigen. Den physiologischen Reaktionen kann man mit Hilfe handlungssicheren Verhaltens entgegenwirken, die Vorurteile und Ausgrenzungen bedürfen der mentalen und emotionalen Organisation und sind vorab zu hinterfragen. Welche sozialen Bewertungen manipulieren die eigentliche Persönlichkeit? Body Reading ist ein kraftvolles Instrument – für einen positiven und sinnvollen Umgang. Es entwickelt die eigenen Impulse und beantwortet Fragen – für sich und das andere.

## 6.3  Die Atemformen

Die Integration der Atemformen in das Body Reading ist in vielerlei Hinsicht bedeutend. Dazu ist es hilfreich, tiefer in die Prinzipien der Atemformen einzutauchen (Gerhards, 2016). Eine im wahrsten Sinne des Wortes nach zentrale Integrationsmöglichkeit sei hier beispielhaft gezeigt.

In der Grundstruktur der Atmenden gibt es zwei klar erkennbare, unterschiedliche Zentren der Bewegungssteuerung und der Bewegungsrichtung. Naturgemäß zieht es den einen Atmer nach oben, den anderen drückt die Atmung nach unten. Beim dominanten Einatmer folgt der Brustkorb auf einen dynamischen Impuls aus den Füße in den Raum nach oben, so dass man dies mit einem Pfeil nach oben kennzeichnen kann. Für die Form des dominanten Ausatmens gilt das Umgekehrte. Der Pfeil zeigt nach unten, das Becken fängt den Atem und gibt ihn an die Erde weiter. Sind diese beiden Wirkrichtungen bewusst, kann ich sie dem zu spiegelnden Menschen zuordnen. Dies verfeinert die Lesart seiner Struktur.

Die tatsächliche Pfeilorganisation, die sich aus der Analyse im Body Reading ergeben hat, wird nun mit der konstitutionellen Form der Atmung verglichen (siehe Abbildung 3-10 und Abbildung 3-11 auf Seite 76). Ein aufwärtsstrebender, dynamischer Brustkorb ist optimal zur Einatmung, während hingegen ein nach unten drückender Kopf und zum Boden hin gespannte Beine auf die Bedürfnisse der entgegengesetzten Atemform hinweisen. Ohne zu wissen, welcher Atemform die Person in Abbildung 3-10 zuzuordnen ist, wissen wir nur, dass in dem Körperbild eine starke innere Paradoxie vorherrscht. Sollten wir die konstitutionelle Atemform kennen, kämen wir je nach Form zu unterschiedlichen Bewertungen. Dem Einatmer würden wir anbieten, den dynamischen Brustkorb weiterhin nach oben zu ziehen und führend in der Bewegungsorganisation sein zu lassen. Mit Druck auf die Fersen und einem spielerischen Strecken des Hinterkopfes könnten dann die anderen Segmente mit in die Aufrichtung gezogen werden, um die Einatmung vollständig und optimal zu gewährleisten.

Mit dem Ausatmer würden wir jedoch just an dem dynamischen Brustkorb arbeiten und diesen ruhen und stabilisieren lassen. Schwer werdend, nach unten drückend und mit der kräftigen Ausatmung auch den bislang nach oben strebenden Rumpf der Hingabe an die Erde überlassen. So, wie es bereits Kopf und Beine vormachen, die sich mit Druck und Stabilisation dem Boden zuwenden.

Selten trifft man im Body Reading auf eindeutige Formbewegungen, also entweder eine klare Aufwärts- oder Abwärtsorganisation. Häufig finden sich, wie in Abbildung 3-10, paradoxe Gegenbewegungen: an manchen Stellen strebt die Energie nach oben, an manchen drückt sie nach unten. Um dies einordnen zu können, gilt es den Atem kennenzulernen. Die Atemformen heben das Body Reading somit auf eine tiefere Ebene, die sich individueller und zielgerichteter ausgestaltet. Das bedeutendste Instrument dabei ist das Prinzip der Expansion und Kontraktion, der Erkenntnis der Wirkrichtung nach oben oder unten.

## 6.4 Therapie

Wer Body Reading für therapeutische Zwecke nutzen möchte, der betritt das Feld der Körpertherapie. Diese wird an anderen Stellen ausführlich behandelt, eine erste Möglichkeit, sie zu integrieren bietet das Spiegeln. Die Ungleichgewichte, die Schmerzen oder die verdrehten Energien, die man häufig selbst auch als unangenehm empfindet, kann man im Gegensatz zum Gespiegelten leicht wieder loswerden. Der Body Reader identifiziert sich nicht, sondern ist flexibel. Daraus ergeben sich viele Möglichkeiten. Am naheliegendsten ist eine anatomische Reorganisation. Spürt man das zentrale Problem des Anderen in einem bestimmten Körperbereich, versucht man dieses zu lösen; aber nicht an der Stelle, wo das Phänomen auftritt. Denn der Gespiegelte wird diese Inspiration nur schwer nachahmen können, weil er zahlreiche Hilfsmuskeln einsetzt, die genau das verhindern. In den allermeisten Fällen ist die Lösung des zentralen Problems nicht an Ort und Stelle, sondern an einem ganz anderen, bisweilen weit entfernten Körperbereich anzusetzen.

Ein Beispiel: Die zwei in das Körpergefühl des Betrachtenden eindringenden Besonderheiten bei einem Menschen sind die rechte Schulter, die deutlich nach oben zieht, und ein verspannter Kiefer. Lösen Sie als Spiegelnder den Kiefer, fällt automatisch die rechte Schulter herunter. Beide stehen in einem direkten Zusammenhang, können aber willkürlich nicht oder nur schwerlich vom Gespiegelten gelöst werden. Als weiteres Charakteristikum fällt auf, dass die linke Hand stark nach innen rotiert. Wenn Sie als Spiegelnder diese aufdrehen, fällt ebenfalls das Schulterblatt und der Kiefer löst sich. Während die Spannungen in Schulter und Kiefer tiefer liegen und schwerer anzusteuern sind, ist die Rotation der Hand eine später hinzugewonnene und willkürlich einfacher zu bewerkstelligende Maßnahme. Es ist somit eine erste Möglichkeit, dem Anderen etwas anzubieten. Am besten in Form einer Ermächtigung. Ermächtigung bedeutet, dass der Klient selbst in der Lage ist, die Reichweite zu bestimmen. So bietet man ihm an, die linke Hand so weit wie möglich aufzudrehen, auch über das normale, gesunde Ausmaß hinaus, um mit dieser und der Gegenrichtung spielen zu können; und um schlussendlich in die normale Stellung zu gelangen, von der heraus reflektorisch auch Schulter und Kiefer profitieren.

Dieses feinfühlige und achtsame Mitspüren und der Versuch, dies auszubalancieren, kann man dann genauso gut auf die mentalen, emotionalen oder sozialen Spiegelungen anwenden, mithin auch auf die Gesamtheit der Persönlichkeit richten. So kann es manchmal in der Anleitung sinnvoll sein, statt dem Hinweis, den Brustkorb aufzurichten oder lang zu machen, folgende Form der Anregung anzubieten: „Stell dir eine Sonne vor, die in deinem Brustkorb leuchtet." Die Körpertherapie kennt unendliche Möglichkeiten, denn sie begreift die Unendlichkeit des Körpers.

Vor jeder therapeutischen Arbeit steht das Bewusstsein, sie freiwillig und gebeten auszuführen, die Erkenntnis zu akzeptieren; dass Sie im Body Reading lesen wollen, aber nicht verändern müssen; dass Sie tiefer eindringen können, um das Wesen des Selbst erfahrbarer zu machen und mehr und mehr davon anzunehmen. Je nach Absicht und Intervention reicht Body Reading dafür noch nicht aus. Wer die Persönlichkeit kennenlernen will, wird alles regenerieren, was möglich ist. Je mehr Puzzleteile man zusammen bekommt, umso klarer ist das Bild und umso hilfreicher wird es in der therapeutischen Arbeit.

## 6.5  Fallbeispiel

Wir untersuchen das erste Bild (Abbildung 3-8), mit dem wir das Spiegeln geübt haben und schauen uns die tieferen Zusammenhänge an.

Grundlegend ist an dieser Stelle: wir wissen nichts Weiteres über diesen Körper als dieses eine Bild uns zu sagen vermag. Doch das gibt uns genügend Möglichkeiten für die Analyse. Wir bemühen uns, diese Analyse hypothetisch anzugehen. Gleichwohl haben wir in diesem Fall nicht die Möglichkeit, das Gegenüber in die Analyse miteinzubeziehen, es zu fragen, ob diese Mutmaßung dem eigenen Empfinden gleichkommt oder welche persönlichen Nuancen noch hinzugefügt werden wollen.

Die folgende Analyse ist diejenige des Autors. Sie ist nicht die einzig mögliche und schon gar nicht die richtige. Sie ist das Ergebnis meiner Einschätzung. Es kann durchaus vorkommen, dass Sie zu einer ähnlichen Einschätzung kommen; genauso gut kann sie von meiner mehr oder weniger stark abweichen. Eine erste gemeinsame

**Abbildung 3-8:** Bilder spiegeln
(© Antonio Garcia/EyeEm, Getty Images)

Analyse soll Ihnen die vielfältigen Möglichkeiten bewusst machen, die Methodik verdeutlichen und Sie dann zu eigenem Body Reading ermutigen.

*Analyse*: da kein Fragebogen vorliegt oder ein Gespräch stattgefunden hat, zählt allein das Bild. Und jenes ist offensichtlich ein bewusst gemachtes Bild, denn der freigestellte Hintergrund und die Positionierung des Mannes deuten auf eine absichtlich zur Schau gestellte Pose hin. Das ändert nichts an der möglichen Einschätzung, die sich auf die zu lesenden Strukturen des Körpers bezieht – denn diese grundlegenden Muster sind auch in einer nicht gestellten Pose zu erwarten.

*Der Gesamteindruck*: Das Bild ist von Nüchternheit und Konformität geprägt. Dies spiegelt sich vor allem in der einfachen und relativ geraden Haltung wider sowie im Kleidungsstil, dessen drei Elemente (Schuhe, Hose und Hemd) als durchschnittlich und im Alltag häufig anzutreffend bezeichnet werden können. Ganz besonders erkennen wir die Nüchternheit in der Mimik. Mund, Augen und Augenbrauen signalisieren eine einfache, zugleich klare und zielgerichtete Aufmerksamkeit.

*Visuelles Body Reading*: Auch wenn wir sehr geübt im Spiegeln sind, vielleicht sogar schon das Scanning anwenden können, fallen die visuellen Besonderheiten direkt ins Auge und dürfen auch zunächst benannt und begriffen werden. Wir beginnen bei den Füßen, die weit nach außen rotiert sind. Biomechanisch hat dies zur Folge, dass das Becken nach unten kippt. In der Anatomie nennt man ein solches Konstrukt eine bedingte Ursache-Folge-Kette. Wenn also bestimmte Voraussetzungen dafür sorgen, dass automatisch andere Körperbereiche reagieren. Die meisten kennen das vom eigenen Körper. Wer eine schwere Einkaufstasche in die eine Hand nimmt, spürt den ausgleichenden und stabilisierenden Mehraufwand der Haltemuskulatur auf der anderen Seite des Körpers. Weniger bekannt, aber genauso gültig, ist dies für die Rotation der Füße. Ab einem bestimmten Winkelgrad in der Außenrotation kippt das Becken als notwendige Folge automatisch nach unten. Probieren Sie das selbst aus. Stellen Sie sich mit gerade ausgerichteten Füßen hin (Null-Grad-Stellung) und halten Sie gleichzeitig eine Hand an das Kreuzbein und die andere an das Schambein. Nun spielen Sie mit der Rotation in den Füßen und erleben Sie selbst, was eine anatomische Ursache-Folge-Kette ist.

Ob dies der Körper dieses Mannes auch zulässt oder vielleicht muskulär im Rumpf dagegen arbeitet, können wir erst im weiteren Verlauf mit visuellem und kinästhetischem Body Reading erleben. Gleichwohl erkennen wir in den über das physiologische Maß hinaus nach außen rotierten Beinen ein erstes Merkmal: der zentrale Bereich des menschlichen Körpers, das Becken und mit ihm die primären Geschlechtsteile werden zur Schau gestellt. Das muss allerdings nicht unbedingt auf das Geschlechtsorgan selbst bezogen sein; wir erkennen es zunächst als ein generelles Zurschaustellen, ein Hoppla-hier-bin-ich, einen König oder eine Königin, die den Raum betritt. Offensichtlich wird dieses machtdemonstrierende Motiv im Cowboy, dessen breitbeinige und nach außen rotierte Beinstellung sagt: Ich bin der Herrscher über die Natur, im Konkreten: über die Tiere, die Landschaften, die Erde als Organismus und in ihr deren weibliche Symbolik wie deren Körper. Inwieweit nun diese generelle Behauptung auf den Mann in diesem Bild zutrifft, ist nicht ersichtlich. Gleichwohl lassen Kleidungsstil (Konformität in einer männerdominierenden Kultur) sowie die Möglichkeit und Fähigkeit, sich prominent vor eine Kamera zu stellen, zumindest den Rückschluss zu, dass eine mögliche machtdemonstrierende Eigenschaft vorliegen könnte. Entscheidend werden die weiteren Beobachtungen sein, die dies stützen oder in Frage stellen werden.

Ein Vorteil beim visuellen Body Reading sind feine Spezifizierungen, die man im biomechanischen Raum des Körpers deutlich wahrnehmen kann. So sieht man in diesem Bild, dass der rechte Fuß weiter zur Seite versetzt und auch ein wenig weiter nach außen rotiert ist als der linke. Wir erinnern uns: die rechte Seite spricht die Sprache des Verstandes, des Denkens, der alltäglichen und vernunftorientierten Herangehensweise, die Sprache des Machens und des Tuns. Diese Erkenntnis erweitert nun die oben aufgestellte These, sodass wir fragen könnten, ob diese offene, selbstbewusste Herangehensweise sich von Grund auf (das sagen die Füße) auf beschreibende, dem Verstand nahe liegende Dinge stützt. Dass dieser Mensch eventuell gern vernünftig und sachbezogen kommuniziert, offen argumentiert und ebenfalls offen zuhören kann, interessiert ist an Dingen, die den Verstand und die alltägliche Welt betreffen. Allerdings in einem das Gleichgewicht missachtenden Maße wie das übertrieben deutlich nach außen gestellte rechte Bein zeigt. Es ist zu vermuten, dass diese Art dem Leben entgegen zu treten etwas kompensiert (wir werden dies später an anderen Körperbereichen zu bestätigen suchen), was über das gesunde Maß hinausläuft. Ein überbordendes Prinzip der Vernunft und männlicher, rationaler, beherrschbarer Organisation.

Von den Füßen ausgehend können wir mit Hilfe des visuellen Body Readings in Beinen, Becken und Rumpf keine offensichtlichen Abweichungen oder Besonderheiten erkennen; das nächste klare Merkmal sind die Schultern. Hier finden wir eine Bestätigung für die bisherigen Überlegungen. Die linke Schulter ist deutlich höher gezogen als die rechte. Sie symbolisiert auf der emotionalen, gefühlsmäßigen Seite ein gewisses Maß an Vorsicht, Rückzug und Habachtstellung. Die Schultern sind der Vermittler zwischen Gefühl und Ausdruck und zeigen hier die Zurückhaltung der Gefühle auf der einen und die Überbetonung der rational strukturierten Persönlichkeit auf der anderen Seite. Somit finden wir in Beinstellung und Außenrotation des rechten Fußes, der allgemeinen Cowboyposition und der hochgezogenen linken Schulter ein einheitliches Muster.

Dies wird – immer noch ausschließlich mit visuellem Body Reading – auch in den Armen ersichtlich. Hierzu schaue man auf den Abstand zwischen Rumpf/Taille und den Armen. Es ist leicht zu erkennen, dass der linke Arm deutlich weiter vom Rumpf entfernt steht als der rechte. Die Muskeln, die dies bewerkstelligen, sind die Abduktoren des Armes. Sie spreizen den Arm vom Körper ab, vollführen eine Bewegung, die Menschen dann anwenden, wenn sie etwas nach außen halten, stützen und auch von sich weghalten wollen. Jemand, der von der Seite kommt, und den wir nicht in unser Feld lassen wollen, halten wir mit diesen abspreizenden Muskeln des Armes auf Abstand. So korreliert dieser Ausdruck mit den vorherigen Erkenntnissen, denn die Gefühle der linken Seite, die Träume und die Intuitionen, das Nichtmessbare, das Unergründliche, das weiblich Natürliche wird hier dezent, für einen Body Reader gleichwohl offensichtlich, zur Seite weggedrückt.

Der nächste Betrachtungspunkt ist beim visuellen Body Reading in der Regel – genau wie Fuß- und Schulterstellung – immer zugänglich: die Position der Arme und ihre Rotation. Davon ausgehend, dass sie in der Normalstellung (Handfläche zum Körper hin, Handrücken nach außen zur Seite zeigend) ein Mittelmaß zwischen Offenheit und Verschlossenheit symbolisieren, können wir alle Abweichungen davon in unsere Interpretation mit einfließen lassen. In diesem Bild zeigt sich, dass beide Hände deutlich nach innen rotiert sind, die linke dabei etwas mehr. So könnte man hier nachfragen, ob dieser Mensch auf der mentalen, gedanklichen Seite alles ausdrückt, was er denkt oder ob etwas zurückgehalten wird. Gleiches gilt, nur im verstärkten Maße, für die Seite der Gefühle. Letzteres unterstützt das bisherige Gesamtbild eindrucksvoll. Übrigens: Sie finden in Ihrer alltäglichen Umgebung in vielen Fällen nach innen rotierte Arme und Hände Ihrer Mitmenschen. Heißt das dann, dass viele Menschen weder auf der gedanklichen noch auf der gefühlsmäßigen Seite authentisch auftreten und ehrlich das ausdrücken, was sie denken und fühlen? Ohne die Antwort zu benennen, fragen Sie sich zunächst: lebe ich in einer Welt voller Authentizität, voller Ehrlichkeit und ungetrübtem Ausdruck?

In unserem konkreten Fall fällt noch eine weitere Besonderheit durch das visuelle Body Reading der Hände auf. Der Daumen der linken Hand ist deutlich eingeknickt, wird aktiv von der Muskulatur gebeugt. Der Daumen ist das zentrale Organ der Hand, er ermöglicht die ganze Bandbreite der menschlichen Manipulation. Wir können in der Stellung der linken Hand also nicht nur eine Zurückhaltung der Gefühle vermuten, sondern auch eine bestimmte Form der Ungeschicklichkeit, ein Nicht-Können oder Nicht-Sicher-Sein im finalen Ausdruck der Gefühle. Wir sind uns zugleich darüber im Klaren, dass das Einknicken des Daumens, ebenso wie Schulter- oder Fußstellungen keine bewussten körperlichen Entscheidungen sein müssen. So könnte diesem Ausdruck kein intentionales oder bewusstes Verdrängen folgen, sondern die Reaktion des Körpers auf die eigene Biografie sein. Man könnte ihn also fragen, ob er in seinem Leben schon einmal die Erfahrung gemacht hat, dass, als er seine Gefühle offen zeigte, diese nicht willkommen geheißen wurden, sein Ausdruck sogar als unpassend oder unbehände (siehe Daumen) wahrgenommen wurde und ihm dies auch entsprechend rückgemeldet worden ist.

Als Letztes nutzen wir das visuelle Body Reading für die Mimik. Sie unterstreicht all das, was wir bisher gesagt haben. Ein nüchterner, gefühlloser Blick, klar und deutlich positioniert. Sogar die rechte Augenbraue können wir in das Gesamtpaket einordnen, da sie nämlich deutlich höher gezogen wird als die linke und die somit auch hier mehr Beweglichkeit und Stimmungsausdruck repräsentiert als die in diesem Gesamtbild bislang unterrepräsentierte linke Seite.

Nicht nur die offensichtlichen Parameter sind über das visuelle Body Reading zugänglich, sondern abschließend auch die feinfühligeren. Wenn also markante Merkmale ins Auge springen, uns im wahrsten Sinne des Wortes ansprechen, können wir sie verwenden. In diesem Fall ist das die stark akzentuierte Oberarmmuskulatur. Es ist unerheblich, ob dieser Mensch, was er wahrscheinlich tut, ein spezielles Krafttraining zur Ästhetisierung seines Körpers und seines vermeintlichen Modelljobs betreibt; das, was zählt, ist das, was wir jetzt sehen und wahrnehmen. Und wir sehen die Überbetonung des Oberarmbeugers, jenes Muskels, der zum Schutz und zur Verteidigung den Arm zum Körper heranzieht. Die Ausprägung ist so stark, dass auf der linken Armseite jener im Ellenbogengelenk gar nicht mehr richtig gestreckt werden kann. Die notwendige psychologische Bedürftigkeit, die dahintersteht, wurde in allen bisherigen analytischen Betrachtungen (Gefühle schützen, abwehren, nicht wahrhaben wollen) bereits aufgezeigt und wird hier abermals bestätigt.

Darüber hinaus können wir mittlerweile auch einen tieferen Bezug zur rechten Seite aufbauen und damit unsere anfängliche Interpretation erweitern. Das weit nach außen verlagerte und weit rotierte rechte Bein signalisiert zwar von Grund auf eine verstandesmäßige, alltagsorientierte Dominanz; deren Offenheit und Ehrlichkeit werden durch die Eindrücke im oberen Teil aber minimiert. Die nach innen rotierte rechte Hand und der verspannte rechte Oberarmbeuger lassen darauf schließen, dass auch mental – wenn auch längst nicht in dem Maße wie emotional – nicht alles besprochen, ausgedrückt und angenommen wird, was erlebt wird. An dieser Stelle beenden wir das visuelle Body Reading und tragen bereits eine Vielzahl von Hypothesen in uns. Erkenntnisse bekommen wir erst, wenn wir diese im lebendigen, vorsichtigen, emphatischen und demütigen Abgleich mit dem Menschen selbst prüfen.

Nun ergänzen und vertiefen wir das Ganze mit dem *kinästhetischen Body Reading*. Sie haben bereits an anderer Stelle dieses Buches diese Übung gemacht. Vergleichen Sie also die folgenden Erkenntnisse mit den Ihrigen, ergänzen Sie diese, lassen Sie sich inspirieren und widersprechen Sie auch. Ich kombiniere das kinästhetische Body Reading gerne mit der jeweiligen Zeichnung der Energieverläufe und der Spannungsbögen, die ich wahrnehmen kann (**Abbildung 4-19**):
-   Einfache Visualisierung des Körpers
-   Blitz = muskuläre Spannung
-   Pfeile = Enge, Verdichtung
-   Kreise = Zonen der Leichtigkeit, Weichheit
-   Vertikale Pfeile = Richtung der Körperenergie (nach oben, nach unten)

Als markantes Epizentrum der Spannung dieses Menschen spürt man die Brust, den fest gehaltenen Brustkorb. Ebenfalls unter starker Spannung stehen die Knie, hier besonders das linke Knie. Mittlere Spannungen sind im Gesäß und Beckenboden zu spüren, genauso wie in beiden Kiefergelenken. Kleinere Spannungen fallen schließlich an den Zehengrundgelenken auf. So wie es sinnvoll ist, die verspannten Stellen heraus zu schälen, hilft es auch, die besonders weichen und ökonomischen Bereiche mit in die Analyse einzubauen. Besonders leicht und natürlich fließt die Energie in diesem Bild in den Sprunggelenken, im Hinterkopf, im Rücken und mit leichten Abstrichen auch im Bauch. Die Ausrichtung des Körpers geht nahezu eindeutig nach oben (Einatmer-Präferenz), im Unterschenkel und an den Füßen drückt sie jedoch leicht nach unten.

Die daraus folgende spezifische Analyse: dass der Brustkorb als Epizentrum der Spannung auftaucht, verwundert nach den bisherigen Erkenntnissen nicht. Ganz im

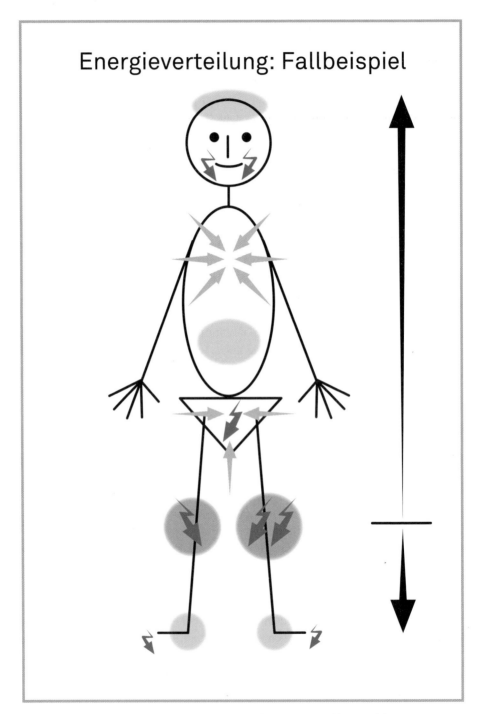

**Abbildung 4-19:** Energieverteilung im Fallbeispiel (Zeichnung: grafikramer.de)

Gegenteil, das stützt sie eindringlich. Die Brust ist im wahrsten Sinne des Wortes das Herzzentrum der Gefühle. Wenn sie festgehalten wird, kann man weder umfänglich lachen, vor allen Dingen aber nicht voll umfänglich weinen. Hier, so ist zu vermuten, sitzt eine besonders prägnante Form fest gehaltener Emotionen, die die anderen Bereiche des Körpers bislang bereits angedeutet haben und die das zentrale schmerzhafte Element der Persönlichkeit auszumachen scheinen. Welche Emotionen es genau sind, gilt es dann zu erfragen. Trauer ist aber für den Brustbereich eine häufig zutreffende und naheliegende Option.

Weiter verstärkt wird diese Hypothese durch die große Anspannung in den Kniegelenken. Das Thema hier lautet: Hingabe oder Widerstand, Beugen oder Strecken. Da das linke Knie noch einmal stärker spannt als das rechte, können wir auch hier vermuten: dieser Mensch drückt mit seinem Körper das Nicht-Hingeben-Wollen seiner Gefühle aus. Die eventuelle Niederlage, die Trauer, den Verlust, den Schmerz, den diese unangenehmen Gefühle bergen, will er nicht akzeptieren und streckt sich somit über das gesunde Maß im Kniegelenk durch. Dass auch die rechte Seite im Kniegelenk so stark unter Spannung steht, ließe sich damit erklären (und würde zugleich unsere visuelle Interpretation bestätigen), dass auch der Verstand diese unangenehme Wahrheit, die der Körper längst gespeichert und augenfällig gemacht hat, nicht wahrhaben will. Ein klassisches Kommunikationsmuster könnte diesbezüglich so aussehen: „Kann es sein, dass Sie des Öfteren unangenehmen Gefühlen aus dem Weg gehen?", „Könnte sein, ja, aber das ist wirklich nicht von Bedeutung." So oder so ähnlich hilft auch die rechte Seite, sich gegen das, was verdaut und angenommen werden will, zu wehren, sich dagegen zu strecken.

Dazu passt selbstredend die Spannung in den Kiefergelenken, die wahrnehmbare unterdrückte Aggression, die sich entweder gegen sich selbst richtet (Ärger darüber, die eigenen Gefühle nicht zuzulassen) oder aber nach außen gerichtet ist, nämlich denjenigen gegenüber, die diese unangenehmen Gefühle hervorrufen. Diese Interpretation dient als nahe liegende Unterstützung, gleichwohl sind die Kiefergelenke, wie wir gesehen haben, Teil einer kollektiven Verspannung, einer im Alltag häufig notwendigen Aggressionsunterdrückung.

Gesäß und Beckenbodenspannungen weisen auf zweierlei hin: Das Gesäß, das Zusammenpressen der Gesäßhälften, und dessen Bedeutung sind im Volksmund bereits sprichwörtlich eingegangen. Da will jemand den Hintern zusammenkneifen, damit das, was eigentlich herauswill, nicht herausgelassen werden kann. Der typische Mechanismus, wenn es um das Festhalten innerer wie äußerer Werte oder Erfahrungen geht. Was festgehalten werden will, ist nach alledem, was wir bereits gesehen haben, allzu offensichtlich: die Tränen der Enttäuschung, den Ärger über die unangenehmen Gefühle. Der Beckenboden hingegen verweist auf einen nicht durchlässigen, nicht frei fließenden Strom im Bereich der Sexualität, ganz allgemein im Bereich der archaischen Urfunktionen. Auch diese Spannung ist in der Gesellschaft sehr häufig vorhanden, so dass sie nicht konkret in diesem Einzelfall heraus-sticht. Eines scheint aber offensichtlich: eine frei fließende, in einem Reichianischen Sinne universal und orgiastisch gelebte Sexualität ist hier nicht oder nur bedingt möglich. Und genau das dürfen Sie vorsichtig erfragen. Und demütig anerkennen, wenn es vom Gespiegelten anders oder genauso wahrgenommen wird.

An dieser Stelle können wir auch überprüfen, welche Folgen die Fußstellung für die tatsächliche Beckenkippung hat. Ohne muskuläre Einwirkung würde sich das Becken, bei einer stark nach außen rotierten Fußstellung wie dieser, automatisch weiter nach unten kippen und somit den überbordenden, sich gehen lassenden, die Natur erschöpfenden Charakter des Hoppla-hier-komme-ich der Füße bestätigen. Durch das kinästhetische Mitspüren können wir gewahr werden, dass dies nicht so ist. Dass nämlich die Kippung des Beckens neutral oder sogar eher ein wenig nach oben verläuft. Dass also hier der Kontroll- und Zwangsmechanismus (Becken kippt nach oben, siehe Kapitel 2.3.4) die Muskulatur anführt und die zunächst zur Schau gestellte Breitbeinigkeit sich in einem kontrollierenden und zurückhaltenden Wesen offenbart. Dass dies in engerem Zusammenhang mit der bis hierhin erkannten Gefühlsunterdrückung inklusive einer nicht voll umfänglichen mentalen Ausdrucks-weise steht, ist naheliegend.

Bleiben noch die Spannungen in den Zehengrundgelenken. Diese, ebenso wie die gegen die eigentliche Raumorientierung abwärts gerichtete Energie in den Unterschenkeln, deuten darauf hin, dass dieser Ort, dieses Verweilen an jener Stelle, nicht wirklich gewollt sind. Dass dieser Mensch eigentlich gerne gehen oder besser noch im Erdboden verschwinden würde (die Energie geht nach unten), weil er gerade ja gar nicht gehen kann. Dies kann der gestellten Aufnahmesituation geschul-det sein. Uns interessiert aber nicht die kausale Assoziation, sondern das, was wir empfangen und so könnte man fragen: „Wenn du dich für Modellfotografien zur Ver-fügung stellst, warum machst du es dann nicht so, dass du es auch voll und ganz bejahst und an diesem Fleck für diesen Moment stehen bleiben möchtest?"

Vieles spricht in diesem Bild dafür, dass wir es hier mit einem dominanten Ein-atmer zu tun haben, dessen konstitutionelle Energie in den Raum nach oben aus-gerichtet ist. So verhälfe ihm dieses Bewusstsein zu einer vollständigen Integration seiner Gesamtausrichtung nach oben, die bislang einzig in den Unterschenkeln und den Füßen dagegen läuft. Ein leichter Druck auf die Fersen würde genügen, um auch den untersten Bereich des Körpers in die Streckung nach oben zu bringen. Dann stünde er nicht nur entsprechend seiner Atemform sinnvoll, sondern bliebe auch dort stehen, wo er sich selbst gewählt positioniert hat. Etwas anderes würde die Deu-tung besagen, wenn die für den Einatmer notwendige Expansion und Aufrichtung nach oben nicht das vorherrschende Merkmal der Körperkonstitution darstellen. Wenn es sich also um einen dominanten Ausatmer handeln würde, obwohl vieles auf das Gegenteil hindeutet – und so etwas gibt es häufiger als man denkt. Menschen, die in fast allen Merkmalen für die ein oder andere Atemform sprechen und sich erst bei der genauen Atemformanalyse (die uns hier aufgrund der wenigen Variablen, die wir zur Verfügung haben, nicht möglich ist) als das Gegenteil entpuppen. Das kann theoretisch also auch hier der Fall sein. Dann hätten wir es mit einem dominanten Ausatmer zu tun, dessen grundsätzliche Energie nach unten gerichtet ist. Der also offenbart, dass er nur in den Unterschenkeln und Füßen seiner Konstitution folgt, im gesamten Rest des Körpers aber dagegen arbeitet. Das könnte man nach den analytischen Erkenntnissen, die wir mit dem Body Reading gewonnen haben, auch erklären, müssten sie dann aber dahingehend verändern, dass die Schwere – der Druck der Gefühle – besonders die Konstitution des Körpers und der Atmung beeinträchtigt. So stark, dass der Mensch mit einer nahezu vollständigen Streckung gegen die eigentlich Form der Ausatmung, gegen die eigentliche Vorgabe der Kontraktion und Hingabe an den Boden arbeitet. Auch hier handelt er dem Auftrag seines Wesens zuwider, voll umfänglich seine Gefühle auszuleben; und das in solch einem hohen Maße, dass die gesamte Körperstruktur darunter leidet. Sofern Sie die Möglichkeit haben, die Atemform des zu Lesenden in Erfahrung zu bringen, tun Sie es. Es ist ein unschätzbarer Gewinn für das Body Reading.

Wenden wir uns den positiven Aspekten zu: den Ressourcen, den Fähigkeiten, die dieser Mensch körperlich als erstes einbringen könnte, um sie den Spannungen entgegenzusetzen, um ein gelöstes Gleichgewicht seines Körpers zurückzuerlangen. Auffällig ist der weiche Hinterkopf und überhaupt die angenehme und leichte Energie im Kopfraum. Kurzum: dieser Mensch denkt zumindest in diesem Moment nicht viel. Und das ist gut so. Denn was sollte er auch denken, wenn er sich ablichten lässt? So wäre es also zu erfragen, ob er generell ein leichtes Denken kennt, ob er häufig innerlich still sein kann, ob er selten von inneren Gedankenmustern und Verbal-Komplexen geplagt wird? Wenn dem so ist, was die kinästhetische Spiegelung annimmt, dann wären wir in der therapeutischen Position, die Aufarbeitung seiner Persönlichkeit über die Körperwahrnehmung (Empfindung) und die damit verbundenen Gefühle geschehen zu lassen. Denn das, was wir oben gesagt haben (will die unangenehmen Gefühle nicht wahrhaben), muss nicht zwangsläufig einem lange durchdachten Muster gefolgt sein, sondern, so ist es zu vermuten, hat sich eher als unbewusstes Muster in seine Biografie eingeschlichen und kann so vor allen Dingen über eine körperliche oder emotionale Bearbeitung gelöst werden.

Abgesehen von der Brust ist der Rumpf relativ ökonomisch und stabil, ohne dabei übertrieben hart zu sein. Dieser Mensch besitzt, wie man neudeutsch sagt, ein gutes Standing, eine klare Aufrichtung, eine Präsenz, die von seinem Zentrum ausgeht. Auch dies deutet darauf hin, dass die Bereitschaft seines Körperausdrucks vorhanden ist, den wirklichen Platz im Leben, einfach gesagt: zu sich selbst zu finden. Er strebt nach einer natürlichen Aufrichtung.

Besonders unterstützend für ein etwaiges therapeutisches Vorgehen sind die weichen Sprunggelenke. Sie sind der erste Beweger, der Mobilisator des sich aufrichtenden Menschen. Sind sie derart gelockert wie in diesem Fall, haben wir es mit einer Persönlichkeit zu tun, die in der Lage ist, schnell und flexibel auf Anforderungen zu reagieren, die darüber hinaus auch in der Lage ist, sich diesen Erkenntnissen, mit denen wir ihn konfrontieren, zu stellen, und: auf sie entsprechend zu reagieren.

*Umsetzung*: Alles was wir aus diesem einen Bild nun versucht haben zu erkennen, ist zu erfragen. Es ist sanft und vorsichtig dem Gespiegelten zurück zu senden und darauf aufbauend in den Prozess der körperlichen Integration mit einzubauen. Die tatsächliche Gelegenheit haben wir nicht, aber wir können hypothetisch unsere Erkenntnisse zusammenfassen und die naheliegendsten Schlüsse ziehen. Auf der körperlichen Ebene ließe sich zunächst sehr gut mit den Sprunggelenken arbeiten. Deren Beweglichkeit geht Knien, Schultern und Ellenbogen ab. An diesen Stellen wird die ganz unten im Körper vorgegebene Leichtigkeit zur Blockade, stellt sich die anfängliche Offenheit und Bereitschaft gehemmt dar. Und genau deshalb wäre es schwieriger, vielleicht sogar kontraproduktiv, diese Persönlichkeit mental, womöglich spirituell anzusprechen. Sinnvoller wäre es mit Hilfe von Körperwahrnehmung und innerem Bewusstseinsspielraum zu arbeiten, um so einen Transfer der körperlichen Empfindungen zu ermöglichen, der von den Sprunggelenken in die darüber liegenden Gelenkorganisationen führt. Eine langsam sich nach oben, ins Bewusstsein des Menschen drängende Beweglichkeit und Flexibilität seines Wesens, die er in allen Gelenken – und nicht nur im Sprunggelenk – leibhaftig spüren darf.

Auf der emotionalen Ebene wäre es hilfreich, ihn zu ermutigen, alles auszudrücken, was er fühlt, sich allgemein seinem ganzen Gefühlsspektrum zu stellen als notwendige Anerkennung der eigenen Identität. Einfach und naheliegend formuliert könnte man ihm raten: „Weine!" Auch wenn er dies, wie viele andere auch, nicht direkt umsetzen kann und will, kann ihm Body Reading helfen, sich dieser Dringlichkeit bewusst zu werden. Er bekommt die Möglichkeit zu spüren, welche Sprache der Körper spricht, welche Intention er verfolgt und wie er zu dem kommen kann, was sein Körper ebenfalls ausdrückt: nämlich zu seiner ureigenen Persönlichkeit.

An diesem Fallbeispiel sollte folgendes klar geworden sein: Der Body Reader ist in der Lage, jede Position des Körpers ausgiebig für seine Erkenntnisse zu nutzen. Auch ohne auditives Body Reading, was wir hier nicht zur Verfügung hatten, können wir eine ganze Menge lesen. Zunächst das visuelle und dann auf einer tieferen Ebene das kinästhetische Reading helfen uns dabei. In diesem konkreten Fall haben wir es mit einer relativ einfachen Synchronizität zu tun gehabt, in der viele Anzeichen auf das gleiche Hauptthema hingedeutet haben. Die Gefühlsunterdrückung wurde sicht- und spürbar in der hochgezogenen linken Schulter, dem extrem gespannten linken Knie, dem festgefahren Gesäß und den verspannten Kiefergelenken, dem eingekrümmten linken Daumen, der weit nach innen rotierten linken Hand und vor alldem dem extrem fest gezurrten Brustkorb.

Etwas aufwendiger sind Fälle, die paradox zu liegen scheinen, wo also beispielsweise die linke Schulter tiefer liegt, der linke Daumen gestreckt ist, das linke Knie weich bleibt und dennoch der Brustkorb extrem fest ist. Dann könnte man argumentieren, dass die Gefühle zwar nicht ausgelebt werden können (fester Brustkorb), aber die Bereitschaft und Anerkennung vorhanden ist (offene linke Hand, tiefe linke Schulter). Dass also der Wunsch durchaus besteht und offensichtlich gemacht wird („Ich möchte so gerne fühlen"), aber es noch nicht umgesetzt werden kann.

Schließlich ist jeder Mensch, jeder Körper, und somit jeder Fall einzigartig. Und dies gilt es anzuerkennen. Sie werden positive und bejahende Rückmeldungen einholen, wenn sie demütig und hypothetisch Ihre Erkenntnisse vorbringen. Im gemeinsam Gespräch, der gemeinsamen Integration zwischen Spiegelndem und Gespiegeltem, werden nicht nur der Klient, sondern auch Sie sich jederzeit weiterentwickeln. Sie haben nun alle Möglichkeiten – denn der zu lesende Körper ist jederzeit bereit, Auskunft zu erteilen. In jeder Situation, an jedem Ort. Sie brauchen nur die Ohren, die Augen und den Körper, um die Botschaften zu empfangen. Ihre Aufmerksamkeit für den anderen Menschen ist das größte Geschenk, was Sie ihm machen können.

## Danke

Empathie ist die Macht des Body Readings. Sich voll dem Erleben hingeben.
Anatomie ist die Kraft des Body Readings. Sich voll der Welt hingeben.
Demut ist das Gefühl des Body Readings. Sich voll der Unendlichkeit hingeben.

# Anhang

## Zeichnungen

Die Abbildungen 2-2a bis 2-2f zeigen Zeichnungen von verschiedenen Personen auf der Grundlage der Übung „Das Bild meines Körpers" auf Seite 19. Es ist sinnvoll, diese Bilder erst zu studieren, wenn Sie die Übung gemacht haben.

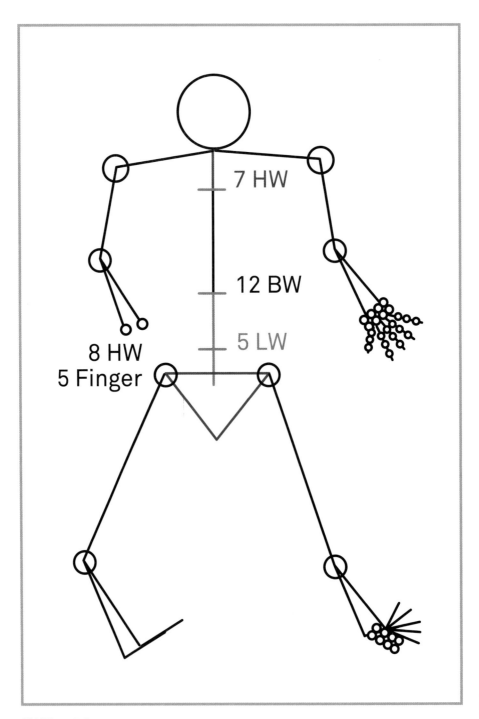

**Abbildung 2-2a**

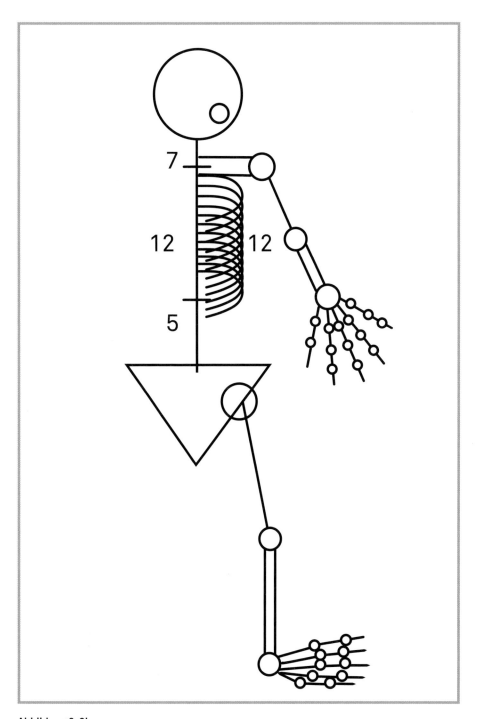

**Abbildung 2-2b**

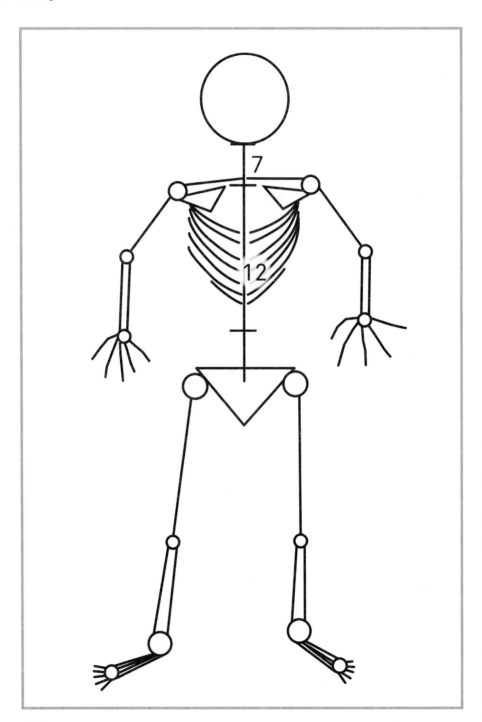

Abbildung 2-2c

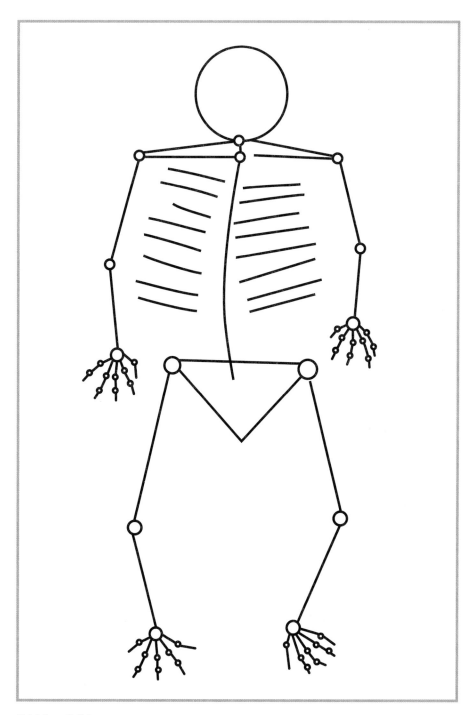

Abbildung 2-2d

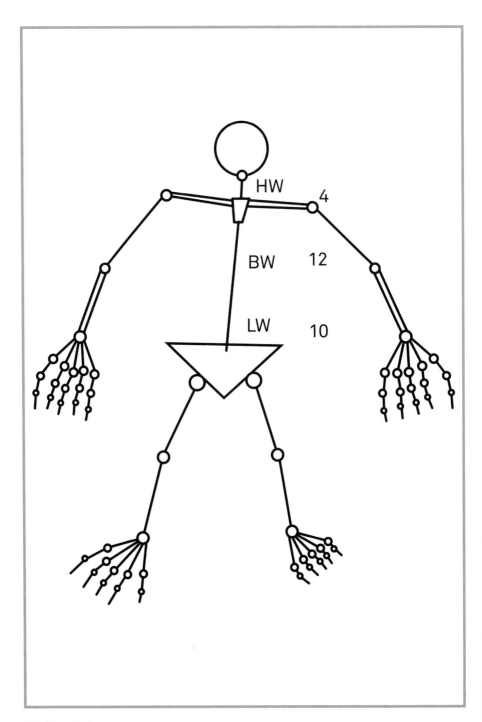

**Abbildung 2-2e**

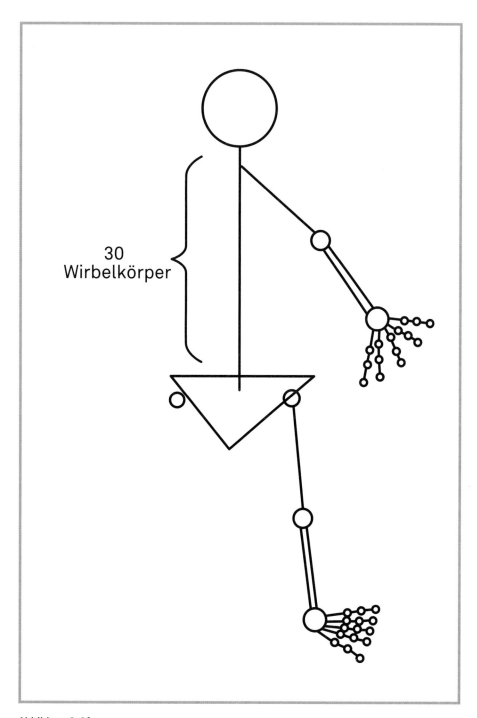

30
Wirbelkörper

Abbildung 2-2f

# Literatur

Bauer, J. (2005). *Warum ich fühle was du fühlst. Intuitive Kommunikation und das Geheimnis der Spiegelneurone*. München: Heyne.

Bourbeau, L. (2014). *Dein Körper weiß alles über dich* (6. Aufl.). Oberstdorf: Windpferd.

Darwin, C. (2000). *Der Ausdruck der Gemütsbewegungen bei dem Menschen und den Tieren. Kritische Edition, Einleitung, Nachwort und Kommentar von Paul Ekman*. Frankfurt a. M.: Eichborn.

Dethlefsen, T. & Dahlke, R. (1991). *Krankheit als Weg. Deutung und Be-Deutung der Krankheitsbilder* (7. Aufl.). München: Goldmann.

Dychtwald, K. (1981). *Körperbewusstsein*. Essen: Synthesis.

Gerhards, M. (2016). *Die Atemformen beim Menschen*. Saarbrücken: Ryvellus.

Hanna, T. (1990). *Beweglich sein – ein Leben lang: die heilsame Wirkung körperlicher Bewußtheit*. München: Kösel.

Jones, E. G. & Mendell, L. M. (1999). Assessing the Decade of the Brain. *Science, 284*(5415), 739. https://doi.org/10.1126/science.284.5415.739

Jung, C. G. (2014). *Typologie*. München: dtv.

Mehrabian, A. (1971). *Silent Messages. Implicit Communication of Emotions and Attitudes*. Belmont: Wadsworth.

Osterhammel, J. (2009). *Die Verwandlung der Welt: Eine Geschichte des 19. Jahrhunderts*. München: C. H. Beck. https://doi.org/10.17104/9783406615016

Wildmann, F. (2000). *Feldenkrais. Übungen für jeden Tag* (7. Aufl.). Frankfurt a. M.: Fischer.

## Weiterführende Literatur

Bernstein, P. (2003). *Skizze der menschlichen Entwicklung. Embryologie, Phylologie, Molekularbiologie* (2. Aufl.). Rottenburg: Selbstverlag.

Diamond, J. (1990). *Der Körper lügt nicht* (6. Aufl.). Kirchzarten: VAK.

Eilert, D. W. (2013). *Mimikresonanz. Gefühle sehen. Menschen verstehen*. Paderborn: Junfermann.

Feldenkrais, M. (1978). *Bewusstheit durch Bewegung. Der aufrechte Gang*. Frankfurt a. M.: Suhrkamp.

Fester, R., König, M. E. P., Jonas, D. F. & Jonas, D. J. (1980). *Weib und Macht. Fünf Millionen Jahre Urgeschichte der Frau*. Frankfurt a. M.: Fischer.

Franklin, E. N. (2008). *Befreite Körper. Das Handbuch zur imaginativen Bewegungspädagogik* (5. Aufl.). Kirchzarten: VAK.

Gebser, J. (1956). *Abendländische Wandlung. Abriss der Ergebnisse moderner Forschung in Physik, Biologie und Psychologie, ihre Bedeutung für Gegenwart und Zukunft*. Frankfurt a. M.: Ullstein.

Gerhards, M. (2011). *Die Studio-Bewegung – Wie der Mensch gesund und fit werden will, und woran er sich dabei orientieren kann*. Potsdam: Iatros.

Grammer, K. (1988). *Biologische Grundlagen des Sozialverhaltens, Dimensionen der modernen Biologie*. Darmstadt: Wissenschaftliche Buchgesellschaft.

Höhmann-Kost, A. (Hrsg.). (2018). *Integrative Leib - und Bewegungstherapie. Theorie und Praxis* (3. Aufl.). Bern: Hogrefe. https://doi.org/10.1024/85760-000

Hüter-Becker, A. & Dölken, M. (Hrsg.). (2011). *Biomechanik, Bewegungslehre, Leistungsphysiologie, Trainingslehre* (2. Aufl.). Stuttgart: Thieme.

Jacobs, D. (1990). *Die menschliche Bewegung* (7. Aufl.). Seelze: Kallmeyersche.

Jacobs, D. (1985). *Bewegungsbildung – Menschenbildung* (2. Aufl.). Seelze: Kallmeyersche.

Johnson, D. H. (2012). *Klassiker der Körperwahrnehmung. Erfahrungen und Methoden des Embodiment.* Bern: Hans Huber Verlag.

Keleman, S. (1980). *Dein Körper formt dein Selbst. Selbsterfahrung durch Bioenergetik.* Landsberg a.L.: mvg.

König, K. (1957). *Die ersten drei Jahre des Kindes.* Stuttgart: Verl. Freies Geistesleben.

Lowen, A. (1999). *Bioenergetik als Körpertherapie: Der Verrat am Körper und wie er wieder gutzumachen ist* (9. Aufl.). Hamburg: Rowohlt.

Lyle, J. (1994). *Körpersprache.* Kaiserslautern: Gondrom.

Mohl, A. (2000). *Der Zauberlehrling. Das NLP Lern- und Übungsbuch* (7. Aufl.). Paderborn: Junfermann.

Molcho, S. (1996). *Körpersprache der Kinder.* München: Mosaik.

Molcho, S. (1983). *Körpersprache.* München: Mosaik.

Olsen, A. (1999). *Körpergeschichten. Das Abenteuer der Körpererfahrung* (3. Aufl.). Kirchzarten: VAK.

Reich, W. (1969). *Die Entdeckung des Orgons. Die Funktion des Orgasmus.* Frankfurt a. M.: Fischer.

Reich, W. (1966). *Die sexuelle Revolution.* Frankfurt a. M.: Fischer.

Rome, D. I. (2016). *Dein Körper gibt die Antwort.* Oberstdorf: Windpferd.

Ruhleder, R. H. (1986). *Rhetorik – Kinesik – Dialektik. Redegewandtheit – Körpersprache – Überzeugungskunst* (6. Aufl.). Bad Harzburg: WWT.

Selver, C. (1984). *Sensory Awareness (Brooks, C. V. W.).* Paderborn: Junfermann.

Vester, F. (1976). *Phänomen Stress. Wo liegt sein Ursprung, warum ist er lebenswichtig, wodurch ist er entartet?* Stuttgart: Deutsche Verlags-Anstalt.

Watzlawick, P., Beavin, J. H. & Jackson, D. D. (2017). *Menschliche Kommunikation. Formen, Störungen, Paradoxien* (13. Aufl.). Bern: Hogrefe. https://doi.org/10.1024/85745-000

# Über den Autor

Marco Gerhards ist staatlich anerkannter Sport- und Gymnastiklehrer mit zahlreichen Zusatzausbildungen – u.a. in Kommunikationsmethoden, Mentaltraining, Tanzpädagogik, Bewegungstherapie – und hat ein abgeschlossenes Magisterstudium in biologischer Anthropologie, neuerer Geschichte und Medizingeschichte. Er arbeitet als wissenschaftlicher Autor, Dozent in der Aus- und Fortbildung sowie als selbstständiger Körpertherapeut. Er lebt im Freiburger Raum und bietet Seminare und Einzelsitzungen an. Die Vereinigung von Wissenschaft und Spiritualität ist sein Kerngebiet. Weitere Informationen finden Sie auf den Seiten www.body-reading.de und www.atemformen.de. Wenn Sie den Autor direkt kontaktieren wollen: mag@body-reading.de

# Sachwortverzeichnis